문제 인식부터
캠페인 성공까지
사회운동에 첫 발을 내딛는
소녀들을 돕는 책

소녀의
소녀에 의한
소녀를 위한
사회운동 안내서

★일러두기
본문의 각주는 모두 옮긴이가 단 것입니다.

소녀의
소녀에 의한
소녀를 위한
사회운동 안내서

2021년 6월 10일 처음 펴냄

지은이 케일린 리치 | 옮긴이 김영선
펴낸이 신명철 | 편집 윤정현 | 영업 박철환 | 관리 이춘보 | 디자인 최희윤
펴낸곳 (주)우리교육 | 등록 제 313-2001-52호
주소 03993 서울특별시 마포구 월드컵북로 6길 46
전화 02-3142-6770 | 팩스 02-3142-6772
홈페이지 www.urikyoyuk.modoo.at

ISBN 978-89-8040-983-9 43330

문제 인식부터
캠페인 성공까지
사회운동에 첫 발을 내딛는
소녀들을 돕는 책

소녀의
소녀에 의한
소녀를 위한
사회운동 안내서

케일린 리치 지음 | 김영선 옮김

Girls Resist!

우리교육

레미 리를 위하여

지금처럼 늘 자신 있고 두려움이 없기를 바라며

4 정곡을 찌르는 말로 대중을 설득하기 152

이 책은
소녀들을 위한
책입니다

이 책은 세상에 꼭 하고 싶은 말이 있고, 마음속에 맺힌 응어리가 있고, 불평등을 끝장내기 위해 목소리를 낼 준비가 된 소녀들을 위한 것입니다.

당당하게 살고 싶고, 가슴속 깊은 곳에 뜨거운 불덩이가 있고, 분노할 지혜와 변화를 요구할 열정과 용기가 있는 소녀들을 위한 책입니다.

불평등을 겪었고, 누구나 공평하게 대우받아야 한다고 믿고, 자신과 타인의 권리에 깊은 관심이 있는 소녀들을 위한 책입니다.

이 책은 수다스러운 소녀들, 조용한 소녀들, 수줍음을 잘 타는 소녀들, 외향적인 소녀들, 공부 잘하는 소녀들, 학교 밖 세상 물정에 밝은 소녀들, 재미있는 소녀들, 진중한 소녀들, 그리고 이 모든 성향을 조금씩 가지고 있는 소녀들을 위한 것입니다.

나는 이 책을 소녀들—바로 여러분—을 위해 썼습니다. 나도 한때는 소녀였기 때문이고, 한 소녀의 어머니기 때문이고, 소녀들이 세상을 바꿀 것이라고 진심으로 믿기 때문입니다. 그리고 실제로 소녀들의 사회운동이 세상을 바꾸어 왔기 때문입니다.

여러분이 당장 행동에 나설 준비가 되어 있다면, 이 책은 하나의 안내서이자 발사대가 될 것입니다. 캠페인의 시작, 온라인 청원 준비, 기금 모금, 언론을 상대하는 법 등 사회운동에 필요한 모든 것을 담았습니다. 실제로 역사의 진로를 바꾼 소녀 활동가들의 이야기도 읽게 될 것입니다. 사회운동을 시작하려는 곳이 여러분이 사는 도시인가요? 아니면 학교, 나라, 전 세계인가요? 어디든 상관없습니다. 이 책이 세상을 바꾸는 길로 안내하는 길잡이가 될 것입니다.

소녀들의 사회운동은 중요합니다. 소녀들은 중요하지 않다는 말을 너무도 자주 듣기 때문에 더더욱 중요합니다. 소녀들에 대한 차별이 '너희는 중요하지 않아.'라고 말하는 것처럼 항상 노골적이고 명시적이지는 않습니다. 차별은 훨씬 미묘하고 은밀한 형태일 수 있습니다.

그래요, 몇십 년 전과 비교하면 소녀들은 지금 훨씬 잘하고 있습니다. 과거 어느 때보다 다양한 스포츠 활동에 참여하고, 과학·기술·공학·예술·수학 같은 전문 분야에서 두각을 나타내고 있습니다. 소년보다 여전히 불리한 입장인데도 말이에요. 미국의 경우, 의대와 법대에 입학하고 졸업하는 학생 수만 봐도 여자가 남자보다 많습니다. 그런데 나는 왜 소녀들이 중요하지 않다는 말을 듣고 있다고 생각하는 것일까요?

내가 예쁘고, 날씬하고, 하얗게 보여야 한다는 심리적 압박을 받았던 때를 기억하기 때문입니다. 남학생들에게 매력적으로 보이는 것이 가장 중요한 일이라고 생각했던 때를 기억하기 때문입니다. 양성애자임을, 학생 대부분이 백인인 학교에서 한국 사람임을, 뚱뚱하다는 것을, 참다운 나 자신이 되는 것을 두려워하고 자신을 꼭꼭 숨겨야 했던 때를 기억하기 때문입니다. 나 자신을 작게 느끼도록 했던 것들과 내가 속한 세계에서 일어나는, 부당해 보이는 일들에 맞서지 못하고 무력감을 느꼈던 때를 기억하기 때문입니다.

나는 또한 내가 다른 사람들과 자신을 위해 소리 높여 말할 수 있는 목소리를 가졌다는 사실을 깨달았을 때를 기억합니다. 아무것도 바꾸지 않아도 내 모습 그대로 아름다울 수 있다는 사실을 깨달았던 때를 기억합니다. 무엇인가가 잘못되었고 더 나은 방향으로 바꾸고 싶다는 것을 직감적으로 깨달았던 때를 기억합니다. 자원봉사를 하고 다른 사람들을 도왔던 나의 초기 열정이 사회 정의를 위한 운동으로 향하게 되었던 때를 기억합니다.

나는 여전히 그때의 소녀입니다. 나이만 조금 더 먹었을 뿐이지요.

사회운동은 어떤 사회적 대의를
지지하거나 반대함으로써 변화를 일으키기 위해
행동에 나서는 것을 의미합니다.

그동안 많은 변화가 있었음에도 오늘날 소녀들은 여전히 수많은 편견과 오해를 마주합니다. 여자들은 어렸을 때부터 대중매체나 인형 같은 장난감 등을 통해 자신의 가치가 외모와 타인의 평가에 따라 결정된다고 교육받습니다. 그에 반해 남자아이들은 자신의 가치가 자신의 성취와 능력에 따라 달라진다고 교육받지요. 사회는 소녀들에게 인정받으려면 자신을 변화시켜야 한다고, 외모가 깊은 지식이나 심성보다 더 중요하다고 느끼도록 강요합니다.

이런 개념 없는 현실은 불평등이 낳은 일련의 모습 중 하나이며, 그 결과로 여성은 더 쉽게 우울증을 겪고 자신감을 잃습니다. 돈을 적게 벌고 가난하게 살 가능성도 더 큽니다. 본보기로 삼을 만한 여성 롤모델은 남성에 비해 적고, 사회적 자원에 접근할 가능성 역시 낮으며, 법이 보장하는 권리 또한 제한적입니다. 이건 잘못된 일입니다.

소녀들이 목소리를 높여야만, 세상을 향해 우리를 진지하게 보아 달라고 요구할 수 있습니다. 소녀들이 여러 사회 문제에 관심을 가져야만, 우리가 이 사회에 꼭 필요한 구성원이라는 사실을 보여 줄 수 있습니다. 소녀들이 차별과 학대에 맞서 싸워야만, 결과에 상관없이 우리가 자신을 위해 분연히 떨쳐 일어날 것이라는 메시지를 전할 수 있습니다. 소녀들이 다른 사람들을 위해 싸워야만, 모든 곳에서의 불평등을 우리가 용인하지 않으리라는 점을 분명하게 알릴 수 있습니다. 세상은 소리 높여 항의하는 소녀들의 목소리가 필요합니다. 조직적인 소녀 저항운동이 필요합니다.

세상은 여러분이 필요합니다!

1

소녀 저항운동이 뭔가요?

잔 다르크아마도 그보다 훨씬 전부터 말랄라 유사프자이까지, 소녀와 여성들은 늘 저항운동을 이끌어 왔습니다. 이것은 우연이 아닙니다. 소녀들은 불평등을 잘 알고 있습니다. 평생 불평등을 경험하기 때문입니다. 우리는 세상 그 누구도 우리를 위해 나서 주지 않으리라는 사실을 압니다. 우리가 직접 나설 수밖에 없습니다. 더 이상 침묵할 수 없을 때는 목소리를 내야 합니다. 중요한 일은 혼자 힘만으로는 해낼 수 없다는 사실을 알기 때문에, 우리는 서로를 지지합니다. 소녀들은 저항합니다. 배려심이 있기 때문에, 분노하기 때문에, 똑똑하기 때문에, 힘이 있기 때문에.

- 자, 슬슬 시동을 걸어 보자고요! 〉

"말하기는 쉽습니다.
하지만 진실은 우리의 행동을 통해 드러납니다.
나는 그렇게 믿습니다.
그리고 더 나은 세상을 꿈꾸며 행동에 나서는 우리를
아주 평범한 사람들이 지지해 준다면,
우리가 실제로 엄청난 일들을 이룰 수 있다고 믿습니다."

– 주디 윌리엄스, 미국의 사회운동가이자 노벨 평화상 수상자

우리 엄마는 이렇게 말하곤 했어요. "케일린은 늘 약한 사람들 편이야." 나는 힘든 시간을 보내는 아이들과 그들을 돕는 일에 늘 마음이 끌렸습니다. 나는 다른 사람을 괴롭히는 이들에게 목소리를 높였습니다. 나는 누구도 부당한 대우를 받아서는 안 된다고 믿었고, 지금도 그렇게 믿고 있습니다. 아마 여러분도 그렇게 믿고 있을 거예요.

자라면서 내 삶은 더 복잡해졌습니다. 나는 흔히 세상 사람들이 말하는 예쁜 사람이 되기 위해, 인기 있는 사람이 되기 위해 순응해야 한다는 압박을 느꼈습니다. 그러면서도 늘 내가 다른 사람들과 조금 다르다고 느꼈습니다. 백인이 대부분인 도시에 사는 한국인, 입양아, 감추는 것이 많은 별난 여자아이, 커밍아웃[1]을 하지 않은 성 소수자, 머리는 비상하지만 외모에는 늘 자신이 없는 아이.

---

1. 성 소수자가 스스로 자신의 성 정체성을 공개하는 일.

그래서 나는 자연스럽게 다른 사람들, 특히 나와 비슷한 아웃사이더들에게 공감했습니다.

나는 동아리 활동을 많이 했습니다. 학교 동아리 중 하나를 통해 지역사회에서 자원봉사할 기회가 생겼습니다. 길에서 쓰레기를 줍는 일부터 푸드뱅크[2]에서 포장하는 일, 어린 학생들을 가르치는 일까지 다양한 일을 했습니다. 친구들과 함께 무료 급식소에서 봉사도 했습니다.

첫 번째 봉사를 할 때는 열세 살이었는데, 한 아주머니가 아이 둘을 데리고 왔습니다. 아이들은 나보다 어렸습니다. 나는 충격을 받았습니다. 직장이 있는 중산층 부모의 딸인 나는 배를 주린 적도, 집이 없던 적도 없었습니다. 내가 다니던 학교에도 안전한 집이 없거나 생필품이 넉넉하지 않아 고생하는 아이들이 있다는 말을 듣기는 했지만, 그런 아이들을 두 눈으로 직접 본 것은 이때가 처음이었습니다. 당시에 나는 내 감정을 제대로 표현할 수 없었습니다.

지금 생각해 보면, 그때 나는 우리 가족 소득 수준에 어울리는 계급적 특권과 일련의 특혜 집, 옷, 끼니를 거르지 않는 식사 등를 직시하게 되었던 것입니다. 무료 급식소에서 자원봉사를 한 몇 년 동안, 나는 한 끼 식사를 위해 찾아오는 많은 사람을 알게 되었습니다. 내

---

2. 남는 먹거리를 기부받아 빈곤층이나 복지 시설에 나누어 주는 단체.

안에 있는 자원봉사에 대한 열정을 발견했고, 그것이 페미니스트 사회운동에 온몸으로 뛰어들게 된 동기가 되었습니다.

우리는 무서운 시대에 살고 있습니다. 천연자원이 낭비되고, 오염되고, 사라지고 있습니다. 세계의 지도자들은 여성과 유색인종, 이민자, 이슬람교도 그리고 트렌스젠더나 게이, 레즈비언, 양성애자 같은 성 소수자에 대한 혐오를 공공연하게 드러냅니다. 소외된 사람들은 그들을 보호해야 마땅한 사람들이 자행하는 폭력을 두려워하고 있습니다.

사람들의 삶이 위협받고 있습니다.

여러분이 만약 첩첩이 쌓인 사회적·정치적 문제들을 이해하지 못하고 그에 맞설 방법을 모른다면, 어디서부터 시작해야 할지를 아는 것 자체가 막막하고 부담스럽고 어렵게 느껴질 것입니다. 그렇지만 여러분은 이미 중요한 첫걸음을 뗐습니다. 지금, 우리와 함께하고 있잖아요.

어쩌면 여러분은 이미 사회운동가가 될 준비가 되어 있기 때문에 이 책을 읽기 시작했을 수도 있겠네요. 이미 사회운동가로 활동하고 있고 여러분의 실력을 늘리고 역량을 강화하고 싶은 상태일 수도 있고요. 아니면 열정적이고 용감하고 똑똑한 소녀들이 곳곳에 있다는 사실을 잘 알고 있다가 이제 본격적으로 소녀 저항운동에 동참하고 싶은 상태일 수도 있고요. 또는 학교에서 복장이 적절

하지 않다는 말을 듣는 일에, 온라인에서 '악플'을 받는 것에, 교실에서 목소리를 높이고도 무시당하는 것에 넌더리가 났을 수도 있고요. 여러분이 이 책을 읽게 된 동기가 무엇이든, 나는 여러분이 우리와 함께하게 되어 기쁩니다.

이 장에서는 오늘날 불평등이 소녀들과 여성들에게 작동하는 방식을 살펴볼 것입니다. 또한 풀뿌리 조직이란 무엇이며 어떻게 만드는지, 그리고 세상으로 나가서 변화를 일으키는 구체적인 방법에는 어떤 것들이 있는지에 대해 알아보려고 합니다.

이제 일이 되게 만들 때입니다!

사회운동의 힘은 어디서 올까?

사회운동은 어떤 사회적 대의를 지지하거나 반대함으로써 변화를 일으키기 위해 행동에 나서는 것을 의미합니다. 다르게 말하면, 더 많은 사람이 혜택을 누릴 수 있게 권력의 변화를 만들어 내는 행위지요. 사회운동이 구체적으로 무엇을 의미하는지 이해하려면 먼저 지금 존재하는 여러 종류의 권력을 이해하고 분석할 필요가 있습니다.

풀뿌리 조직은 대중의 힘에, 즉 여러분과 같은 평범한 사람들의 힘에 뿌리를—뿌리라는 표현의 반복이 그냥 말장난은 아니에요—두고 있습니다. 풀뿌리 조직을 바탕으로 하는 사회운동의 주체는 어느 특정한 집단입니다. 이런 사회운동이 가져올 사회적 변화는 소비자가 직접 부품을 조립해서 물건을 만드는 DIY와 같은 특징이 있습니다. 풀뿌리 운동은 숫자의 힘을 이용해 제도적 권력 즉 직업·지위·돈·정체성 등에 바탕을 둔 권력을 가진 사람들이나 집단들에 맞섭니다. 그렇다면 제도적인 권력이란 정확히 무엇일까요? 아래에 몇 가지 보기가 있습니다.

- 미국 대통령은 미국에 사는 모든 사람에게 사용할 수 있는 아주 많은 제도적 권력을 가지고 있습니다.
- 교사들은 학생들에게 사용할 수 있는 제도적 권력을 가지고 있습니다.
- 교장은 교사들과 학생들에게 사용할 수 있는 권력을 가지고 있습니다.
- 최고 경영자는 회사 직원들에게 사용할 수 있는 권력을 가지고 있습니다.

왜 이런 권력이 존재할까요? 학교, 회사, 국가와 같은 대부분의 기관은 계급적인 조직을 바탕으로 운영됩니다. 다르게 표현하면, 조직이 질서 정연하게 움직이기 위해서는 다수의 사람에게 지시할 소수의 사람이 필요합니다.

학교를 볼까요? 학생들이 숙제하게 하려면 교사에게 학생들을 움직일 권력이 필요합니다. 그렇지 않으면 "선생님, 오늘은 숙제를 안 내주셨어요!"라고 말하는 아주 특이한 아이만 빼고, 아무도 숙제를 하지 않을 테니까요.

교사와 학생 사이의 이런 권력 차이를 구조적 불평등이라고 합니다. 그리고 이런 불평등은 제도적 권력으로 이어집니다. 불평등한 구조가 학교에서 어떻게 작동하는지 보는 것은 어렵지 않습니다. 교장은 교사들에게 지시하고, 교사들은 학생들에게 숙제를 내주고 시험을 보게 합니다. 하지만 사회에서는 불평등한 구조가 눈에 잘 안 보이거나 덜 분명합니다. 게다가 사회에는 어떤 사람들이 권력을 가지는지에 영향을 끼치는 다른 요소로 '특권'이라는 것이 있습니다.

한 사람이 어떤 사람인지를 결정하는 것에는 여러 가지 특성이 있습니다. 특권은 지배적인 집단의 특성을 가진 사람들에게만 부여되는 권력입니다. 그들이 요구했다기보다는, 그들만 이용할 수 있기 때문에 생긴 권력인 셈입니다. 구조적 특권은 사회적·경제적·문화적 가치에 의해 결정되는 요소를 기초로 사회가 특정 사람들에게 부여하는 영향력과 권력입니다.

어른이 되면 어떤 신념들이 머릿속에 고착되어 버립니다.
그 사고방식을 바꾸기란 쉽지 않을 수 있습니다.
사고방식이 형성된 과정을 이해하고 변화를 일으키려면
어떤 새로운 접근법이 필요한지를 고민해 보아야 합니다.
– 사니트 새런, 청소년 정신 건강 활동가

누구의 권력이 가장 셀까?

권력은 인종·성별·성적 지향·종교·재산·직업·지위·교육 수준·옷차림·행동 방식 등 여러 요인에 의해 결정됩니다.

28쪽에 있는 그림을 보세요. 가장 큰 권력을 가진 사람이 누구인 것 같나요? 혹시 양복 입은 백인에게 눈길이 갔나요? 그렇다면 그 사람이 가장 큰 권력을 가졌다고 생각한 이유는 뭔가요? 무엇 때문에 그 사람이 구조적인 특권을 가진 것처럼 보였나요?

가장 적은 권력을 가진 사람은 누구인 것 같나요? 혹시 아이를 골랐나요? 그 아이의 어떤 특징들 때문에 그렇게 생각하게 되었나요?

자, 이제 나머지 사람들을 봐 주세요. 그리고 구조적 권력과 특권이라는 면에서 그 사람들을 비교해 보세요. 한 사람이 어떤 면에서는 권력을 가지지만 다른 면에서는 권력을 갖지 않을 수도 있습니다. 여러분보다 더 큰 권력을 가진 사람은 누구인 것 같고, 더 적은 권력을 가진 사람은 누구인 것 같나요? 그리고 어떤 면 때문에 그럴까요?

이 문답을 통해 알 수 있는 사실이 하나 있습니다. 여러분이 미처 깨닫지 못했을 수도 있지만, 여러분은 이미 특권과 권력의 역학에 대해 잘 알고 있다는 사실입니다. 공부를 통해 알게 된 것은 아니고, 그냥 일상생활에서 터득한 것이죠. 이제 아래 내용에 대해서도 한번 생각해 보세요.

- 여러분이 보거나 읽거나 접한 것 중 구조적 권력에 대해 이해할 수 있도록 도움을 준 것들
- 누가 권력자이고 누가 아닌지를 알 수 있게 해 준 경험
- 나한테 권력이 있다고 느꼈던 때
- 나한테 권력이 없다고 느꼈던 때

우리는 사소하고 일상적인 일들을 통해 권력에 대해 배웁니다. 누가 더 중요하고 영향력이 있는 사람인지와 우리 문화가 어떤 것

들을 가장 가치 있게 여기는지를 배우는 것입니다.

영화에서 여자 주인공이 남자 주인공에게 구조되는 모습을 볼 때마다, 우리는 소년들이 소녀들보다 더 강하다는 메시지를 받습니다. 엄마와 아빠가 있는 가족에 관한 책을 읽을 때마다 우리는 한 부모 가정 또는 부모가 게이나 레즈비언인 가정은 덜 '평범하다'는 메시지를 받습니다. 주요 등장인물이 모두 백인인 텔레비전 프로그램을 볼 때마다, 백인들의 이야기가 가장 중요하다는 메시지를 받습니다.

28쪽의 아이 그림을 다시 한번 보세요. 만약 아이가 울면 어떤 일이 벌어질까요? 어른이 아이보다 권력은 더 크겠지만 아이는 어른이 와서 안아 줄 때까지 울음을 그치지 않을 거예요. 아이는 어른보다 구조적 권력을 적게 가졌지만, 아이가 계속 시끄럽게 울면 어른은 그 소리에 귀를 기울일 수밖에 없습니다. 이것이 바로 풀뿌리 조직이 작동하는 방식입니다!

풀뿌리 조직은 평범한 사람들이 함께 모여 더 큰 구조적 권력을 가진 집단들에 맞서 목소리를 높이고 변화를 일으키는 운동을 합니다. 예를 들어, 여러분이 다니는 학교 학생들이 부당한 복장 규칙에 항의하기 위해 하나로 뭉치면 교장 선생님은 이 통일된 메시지를 무시하기 어려울 것입니다. 이것이 바로 풀뿌리 권력입니다.

이것이 바로 평범한 대중의 권력입니다.

하지만 부당함에 분노하는 수많은 사람 중 하나가 되는 것만으로는 충분하지 않습니다. 여러분이 다니는 학교의 모든 여학생이 복장 규칙이 성차별이라고 생각한다고 해서 곧바로 변화가 일어나지는 않습니다. 변화를 끌어내려면 여러분은 조직화를 해야 합니다. 집단으로 목소리를 내야만 세상 사람들이 귀를 기울일 가능성이 큽니다. 권력자들이 아무리 그 소리를 듣고 싶어 하지 않더라도 말이에요.

이 책에서 여러분은 사회를 개혁할 조직을 만들고 소녀저항운동가로서 힘을 발휘하는 데 필요한 기술과 전략에 대해 배우게될 것입니다. 하지만 먼저, 특권과 권력이 우리에게 어떻게 불리하게 작동하는지를 소녀들의 사례에 초점을 맞추어 좀 더 깊이 살펴보려고 합니다. 장담합니다. 재미없는 이야기만 나오지는 않을거예요.

소녀로 사는 건 만만치 않은 일이에요

앞에서 사회운동의 기초 원리에 대해 알아보았으니, 지금부터는 그 이면에 있는 '왜?'라는 문제를 조금 더 파고들어 보겠습니다. 소녀 저항운동이 존재하는 것은 소녀들이 맞서 싸워야 할 수많은 불평등과 부당함이 존재하기 때문입니다. 중요한 것은 소녀들 스스로 혁명을 이끄는 것입니다. 소녀로 살기란 쉽지 않기 때문입니다.

사회 시스템은 아주 다양한 방식으로 여성에게 불리하게 구축되어 있습니다. 이 점에 대해서는 곧 자세히 살펴볼 거예요. 그런데 이 모든 것이 특정한 사회 형태에서 파생됩니다. 바로, '가부장제'라는 사회 형태입니다.

가부장제는 남자가 정치적·사회적·문화적 통제를 받는 모든 영역에서 강한 권력을 가지는 시스템입니다. 미국을 비롯해 세계 대부분의 나라가 가부장적인 정부와 사회에 의해 지배되고 있습니다. 가부장제는  눈에 보이는 본부가 있는 기관이나 제도는 아니지만, 여성이 남성보다 훨씬 낮은 지위를 가지는 것처럼 사람들을 계층화하는 일종의 제도적인 힘을 가지고 있습니다.

모두가 알다시피, 여성이 투표할 수 없고, 집 밖에서 일할 수 없고, 결혼 상대를 고를 수도 없었던 시대로부터 우리는 먼 길을 왔습니다. 하지만 몇 번 승리를 거두었다고 해서 전투가 끝났다는 뜻은 아닙니다. 가부장제는 여전히 존재합니다. 다만 여자가 무릎을 노출하는 것을 허용하지 않거나 재산을 소유하는 것을 막는 것처럼이 둘 다 예전에는 당연한 것으로 여겼습니다. 노골적이지 않을 뿐입니다. 그러나 가부장제는 분명히 존재합니다.

이제 여성의 일생을 자세히 들여다봄으로써 성적 불평등이 우리의 인간성을 어떻게 갉아먹는지 보겠습니다. 아울러 우리가 어떻게 실천하고 맞서 싸울 수 있는지도 살펴보고자 합니다.

여자다운 게 뭐죠?_젠더 규범

여자아이들은 성별 때문에, 즉 여자라는 이유로 아주 어렸을 때부터 남자아이들과 다른 대우를 받습니다. 어른들이 말하고 대하는 방식부터 차이가 납니다. 어린 여자아이들은 예쁘고 상냥하면 칭찬받는 경향이 있지만, 어린 남자아이들은 거칠거나 강하면 칭찬받는 경향이 있습니다. 여자아이들에게는 공손하고, 조용하고, 남을 보살피라고 가르치는 반면에, 남자아이들에게는 적극적이고, 거칠고, 육체적으로 활동적이기를 권장합니다. 여자아이들의 장난감들은 주로 청소, 요리, 육아갓난아이 인형 돌보기, 옷, 패션과 관련된 것들입니다. 대체로 누군가를 돌보는 일과 관련되는 특징이 있지요. 남자아이들의 장난감은 자동차, 트럭, 과학 세트, 조립 용품 그리고 문제해결 능력과 기술을 키우는 것들과 연관이 있습니다. 여자아이들은 거의 모든 일을 해내는 자신의 모습을 그리게 됩니다. 단, 아이를 키우고 청소하고 화장하는 등 모두 집 안에서 하는 일이라면 말입니다. 반면 남자아이들은 우주비행사나 운동선수, 소방관이 된 자신의 모습을 마음껏 상상할 수 있습니다.

이런 차이는 젠더 규범에 토대를 두고 있습니다. 젠더 규범은 성별에 따라 무엇이 자연스럽고 적절한지에 관한 고정관념을 이르는 말입니다. 부모가 자신의 아이에게 이런 고정관념을 강요하지 않더라도, 젠더 규범은 곳곳에 퍼져 있습니다. 여자아이들을 대상으로 하는 잡지를 떠올려 보세요. 대부분은 패션과 다이어트, 가십으로 가득 차 있습니다. 반면에 남자아이들의 잡지에는 권력과 자동차, 섹스에 관한 내용이 빼곡합니다. 젠더 규범은 여자를 위해 문을 잡아 주는 남자처럼 아주 사소한 모습을 통해서도 드러납니다. 여자들은 도움이 필요한 존재라는 것을 당연하게 여기는 셈이니까요.

이런 성차별적인 관념과 선입견은 알아차리기 쉽지 않을 수도 있습니다. 젠더 규범은 말 그대로 규범적이기 때문입니다. 우리는 젠더 규범에 익숙합니다. 여러분이 전형적으로 '여자아이와 어울리는' 물건으로 치부되는 것들을 좋아해도, 전혀 문제 될 것이 없습니다! 나도 화장을 좋아하고, 드레스도 좋아합니다. 젠더 규범에 부합하는 물건을 좋아하는 것 자체는 아무 잘못이 아닙니다. 그게 어떤 압박도 없이, 그저 정말로 좋다고 느껴서 좋아하는 것이라면요. 내가 갖고 싶어서 그런 물건을 달라고 한다면, 그것은 오히려 당당한 행동이 될 수도 있습니다. 하지만 젠더 규범이 의무적일 때, 즉 우리가 그런 규칙들을 따라야만 한다고 느낄 때, 젠더 규범은 부당한 제약이 됩니다.

젠더 규범은 또한 젠더 이분법이라는 관념을 강화합니다. 젠더 이분법은 소년과 소녀, 남자와 여자, 남성과 여성, 두 개의 젠더만 존재한다는 관념입니다. 그러나 세상에는 다른 성 정체성도 여럿 있습니다. 둘보다 많은 것은 확실하고, 적게 잡아도 20가지가 넘을 거예요. 어쩌면 그보다도 훨씬 많을 수도 있고요! '유동적 성별'[3] 정체성을 가진 사람도 있습니다. 어느 날은 자신을 소녀처럼 느끼고, 어느 날은 소년처럼 느끼고, 또 어느 날은 그 중간 어디쯤으로 느끼는 사람들입니다. 또 '젠더 확장적 정체성'이나 '젠더 비이분법적 정체성'이라고 부르는 것도 있습니다. 이런 성 정체성은 모두 하나의 규격화된 틀에 딱 들어맞지 않습니다.

사람들은 나이와 상관없이 다양한 방식으로 성 정체성과 성적 표현을 경험하는데도 젠더 규범은 하나의 작고 좁은 틀 속에 모든 사람을 집어넣으려 합니다. 여성 젠더 규범이라는 틀은 우리에게 조용하고 매력적으로 보이는 데 집중하고, 늘 소년보다 더 똑똑하지도 않고, 힘이 더 세지도 않아야 한다고 말합니다. 이런 틀은 우리를 숨 막히게 합니다. 우리가 앞에서 말한 특질들을 지니고 있다

---

3. 영어 표현을 그대로 써서 '젠더 플루이드gender fluid'라고 부르기도 합니다.

면 모르겠지만, 사실은 대부분의 소녀가 그런 특질을 가지고 있지 않습니다. 그러니 우리는 자신의 모습 그대로 살 수 있고, 우리를 진지하게 고려하고 공평하게 대우해 달라고 요구해야 합니다.

실천해 봐요!

① **젠더 규범 지우기**: 친구들 또는 단체의 구성원끼리 모여 티셔츠 만들기 행사를 여세요. 섬유용 펜으로 '나는'이라고 쓴 다음 전형적인 '소녀'의 특질을 쓰세요. 예를 들어, '공손하다', '온화하다', '예쁘다'라고 쓰는 거예요. 그런 다음 그 특질에 가위표를 치고, 그 아래에 '똑똑하다', '강하다', '사납다', '힘이 넘친다', '자신만만하다', '개성 있다'처럼 좀 더 중립적이거나 긍정적인 말을 써 보세요. 다 함께 티셔츠를 입고 사진을 찍어 소셜미디어에 올리면 여러분의 생각을 더 널리 알릴 수 있을 거예요.

② **복장 규정에 맞서기**: 혹시 여러분 학교에 여학생의 옷에 제한을 두는 성차별적인 복장 규정이 있나요? 예를 들어, 남자아이들의 정신을 '산만하게' 만든다는 이유로 민소매 옷이나 무릎보다 짧은 치마를 금지하는 비합리적인 규칙 같은 것 말이에요. 또는 여학생과 남학생에게 적용되는 규칙이 다른가요? 트랜스젠더나 젠더 비순응 학생이 자신의 성 정체성에 어울리는 옷을 입을 수 있나요? 항의와 시위, 미디어에 알리기 등을 통해 이런 성차별적인 규

칙들이 왜 말도 안 되는지 경각심을 일으키세요. 그리고 학교에 복장 규정을 바꿔 달라고 요구하세요.

③ **이분법 깨트리기**: 언어의 이분법을 말하는 거예요. 젠더 비이분법적 정체성을 가진 사람들을 포용하는 언어를 사용할 수 있도록 여러분 자신부터 연습하세요. 그리고 그 내용을 잘 기억했다가 다른 사람들에게 알려 주세요. 다음에 몇 가지 보기가 있습니다.

이렇게 말하는 대신에	이렇게 말하세요
남자와 여자	모든 사람
신사 숙녀 여러분	참석자 여러분
그의 또는 그녀의	그 사람의
머리가 까만 저 여자/남자	머리가 까만 사람
처녀작	첫 작품

여자라서 못 한다고 생각하지 말아요 - 자신감 격차

여러분이 학교에서 배운 남자들을 떠올려 보세요. 작가, 세계 지도자, 과학자, 시인 등등. 자, 이제 여자들을 생각해 보세요. 이름을 몇 개나 댈 수 있나요? 우리 사회의 남자아이들은 다양한 모습의 자기 미래를 쉽게 상상할 수 있습니다. 다양한 분야의 많은 남자에 대해 배웠으니까요. 여자아이들은 여성 롤모델이 별로 없고 남성이

나는 깊은 고독과 두려움 속에 사는 것이 어떤 것인지 잘 압니다. 나는 당연하다는 듯이 오해받고, 무시당하고, 목표물이 되는 것이 어떤 것인지 잘 압니다. 전 세계에 있는 나와 같은 소녀들은 이런 현실을 아주 잘 압니다. 트랜스젠더와 젠더 비이분법적인 사람들을 부당하게 대우하고 괴롭히는 것이 합법화되어 왔습니다. 문화화되어 왔습니다. 강요되어 왔습니다. 심지어 너무나 자주 요구되고 있기도 합니다. 이것이 내가 싸우는 이유입니다.

– 세이지 그레이스 돌런-산드리노,
10대 라틴계 흑인 트랜스젠더 배우, 작가, 저널리스트, 활동가 누리는 구조적 권력을 갖지 못한 상태에서 자신의 미래를 그려야 합니다. 결국 우리를 남자들과 비교할 수밖에 없습니다. 우리가 아는 성공한 사람들이 남자기 때문입니다. 많은 소녀가 무의식중에 자신에게 성공할 능력이 없다고 믿고 있습니다.

소녀다움의 핵심은 자매애고,
자매애는 서로를 가족처럼 대하고,
다른 사람을 일으켜 주고, 함께 서 있는 것입니다.

자신에 대한 작은 의심들은 차곡차곡 쌓여 엄청나게 무거운 자기 부정으로 발전합니다. 그리고 이런 과정은 일찍부터 시작됩니다. 미국과학진흥협회가 2017년에 내놓은 연구에 따르면, 다섯 살 여자아이는 대체로 여자아이와 남자아이가 똑같이 '똑똑하다'고 생각합니다. 하지만 여섯 살이 되면 남자와 여자의 그림을 보았을 때 똑똑한 사람으로 남자를 더 많이 고릅니다. 남자아이의 경우에는 65%가 남자들을 고르면서 '정말로, 정말로 똑똑하다.'라고 말합니다. 여자아이가 여자를 선택하는 비율은 48%에 불과합니다.

이런 자신감 격차는 성인이 될 때까지 계속됩니다. 2015년에 48개 나라의 성인 남녀를 대상으로 연구한 결과, 나라와 문화와 상관없이 여자들은 자기의 자부심이 남자보다 낮다고 생각하는 것으로 밝혀졌습니다. 이것은 심각한 문제입니다. 낮은 자부심이 형편 없는 감정이기 때문만은 아닙니다. 자부심이 약할수록 좋은 직업 이나 높은 지위를 덜 추구하게 됩니다. 영향력과 결정권이 있는 자 리에 오른 여자가 적을수록, 힘 있는 사람은 여자들의 이익과 복지 를 덜 고려하게 됩니다.

자신감 격차는 단순히 여자아이들에게 똑똑하고 강하고 적극적 으로 되라는 격려나 다른 비유전적인 자질에 대한 고무적인 말들 로 해결할 수 없습니다. 물론 그것이 하나의 출발점이기는 합니다. 남자와 여자 사이에 평평한 운동장이 마련되기까지, 여성과 남성 이 동등한 수준의 구조적 권력을 가지게 될 때까지 문제는 해결되 지 않을 것입니다. 우리는 지도적인 자리를 맡는 것을 두려워하지 말라고, 강인하고 적극적으로 자신의 미래를 만들어 가는 일을 두 려워하지 말라고 서로를 격려해야 합니다. 소녀끼리 경쟁하는 것 을 거부해야 합니다. 세상이 여자끼리 싸우기를 부추기기 때문입 니다.

소녀다움의 핵심은 자매애이고, 자매애는 서로를 가족처럼 대하 고, 다른 사람을 일으켜 주고, 함께 서 있는 것입니다.

실천해 봐요!

① **페미니스트 사회단체 만들기**: 부정적인 자기 대화[4]를 하지 않을 아주 효과적인 방법의 하나는 주변에 똑똑하고 배려심이 있는 소녀들을 두는 거예요. 그런 사람들과 함께 있으면 더 강해지는 기분을 느끼게 될 거예요. 불안하거나 분노할 때 터놓고 이야기할 사람도 쉽게 찾을 수 있고요. 소셜미디어에서 친구를 만들어 보세요. 페미니스트라면 사회운동가 리더십 프로그램에 참여해 보는 것도 좋습니다.

② **세대와 세대 연결하기**: 지역 여성 기업인 협회나 여성 리더십 단체, 페미니스트 단체에서는 흔히 소녀와 성인 여성을 짝을 지어 멘토링, 직업 상담, 직업 체험, 또는 단순히 같이 커피 마시기 등을 하는 사업을 벌입니다. 그런 단체들과 함께 일해 보세요. 세대 간 소통을 위해 소녀와 성인 여성들로 구성된 패널을 초대해 성차별과 자신감 격차에 대한 경험을 공유하는 것도 좋은 방법입니다.

③ **자신에게 투자하기**: 사회운동이 늘 바깥으로 향하는 것은 아니에요. 더 나은 사람이 되기 위해 우리 자신에게 집중해야 하는 때도 있습니다. 몸매와 관련된 고민이 있나요? 소셜미디어에서 자기 몸에 대해 긍정적인 태도를 보이는 여성들을 팔로우해 보세요. 거울을 볼 때마다 자신에게 좋은 말을 하세요. 내가 무엇을 가장

---

4. 혼자 자신에게 하는 이야기.

불안해하는지 생각해 보고, 그것에 정면으로 맞서 보세요!

자신도 모르는 선입견이 있나요?-암묵적 편견

인간은 다 같은 인간일 뿐입니다. 하지만 우리는 고정관념에 사로잡힌 나머지 나쁜 의도가 없더라도 다른 사람이나 우리 자신을 실제와 다르게 판단할 때가 있습니다. 성별에 상관없이 사람은 누구나 어떤 직업이든 가질 수 있습니다. 이것은 너무도 당연한 일이지만, 여자가 잘하는 일과 남자가 잘하는 일에 관한 케케묵은, 그리고 명백히 완전히 잘못된 생각이 넓게 퍼져 있는 가부장제에서는 좀처럼 실현하기가 어렵습니다. 전문 지식과 기술을 가진 여성 엔지니어가 어떤 회사에 지원했을 때, 이 여성이 합격할 가능성은 비슷한 조건의 남성보다 낮습니다. 왜 그럴까요? 그 여성이 그동안 어떤 일들을 해 왔는지와 상관없이 여성은 직업적 능력이 떨어질 것이라고 가정하는 젠더 고정관념 때문입니다. 여성은 집안일이나 다른 사람을 돌보는 일에 더 적합하다는 선입견 때문에 불이익을 당하는 것이지요. 고용주가 나쁜 사람이고 성차별을 하는 사람이라서 그런 것 아니냐고요? 꼭 그렇지는 않습니다. 왠지 남성 지원자가 더 나을 것이라는 선입견을 품고 있다면 자신이 미처 깨닫지도 못한 상태에서, 지원자에 대해 제대로 알아보려고 노력하지도 않은 채 그저 선입견을 바탕으로 판단할 수도 있거든요.

이처럼 무의식중에 대상을 차별하게 만드는 선입견을 암묵적 편견이라고 합니다. 암묵적 편견은 인종·성별·성적 지향·종교·능력 등 사람의 정체성과 관련된 모든 면에서 작동합니다. 여러 연구에 따르면 아이들은 빠르면 세 살부터 인종적인 선입견과 관련된 편견을 받아들인다고 합니다!

젠더 고정관념에 따른 암묵적 편견은 심지어 초등학생 때와 같은 이른 시기부터 여자아이들의 삶에 실질적이고 뚜렷하게 영향을 끼칩니다. 교사가 대놓고 "여자는 수학을 못 해."라고 말하지는 않습니다. 그런 말을 하면 안 된다는 것을 알기 때문에 그런 믿음을 가지고 있다는 사실조차 아예 인지하지 못할 수도 있습니다. 하지만 여학생이 수학을 잘 못 한다는 암묵적 편견을 굳이 입 밖으로 꺼내지 않을 뿐, 그런 편견이 있는 교사라면 여학생을 대할 때 능력이 떨어지는 학생으로 대할 가능성이 큽니다. 그리고 그런 부정적인 고정관념이 여학생들의 더 낮은 시험 점수라는 결과로 이어진다는 연구 결과도 있습니다. 그리고 '여자와 남자의 능력은 동일하다_{당연히 실제로 그렇습니다}'는 말을 들은 여학생은 남학생과 점수 차이가 없었다고 합니다.

암묵적 편견은 소외된 정체성을 가진 사람들에게 특히 큰 영향을 미칩니다. 지능과 관련해, 백인 아이들은 지능이 보통이고 아시아 아이들은 매우 똑똑하고 열심히 공부한다는 편견이 있습니다.

이런 편견 때문에 흑인과 라틴계, 다른 유색인종 아이들은 교사의 관심과 지도를 덜 받는 피해를 볼 수 있습니다. 히잡을 쓴 여자들은 억압받으며 살 것이라는 가정 때문에 마트에서 쇼핑하거나 길을 걸어갈 때 막연한 의심과 의혹의 눈초리를 받습니다.

암묵적 편견에 맞서 싸우려면 선입견에 기초한 모든 젠더 규범을 거부하고, 암묵적 편견이 존재한다는 사실을 인식해야 합니다. 해로운 메시지들의 정체를 분석한 다음에야 우리는 효과적인 대응 메시지를 낼 수 있습니다. 무엇보다도, 소녀들이 어떤 일이든 해낼 수 있다는 것을 우리부터 아무런 편견 없이 진심으로 믿어야 합니다.

실천해 봐요!

① **자신을 테스트하기**: 더 나은 사회운동가가 되려면 자신이 가진 편견들에 대해 배울 필요가 있습니다. 자신의 편견을 제대로 알아야 없애는 일에 능동적으로 발을 내디딜 수 있기 때문입니다. 그런데 무의식적인 편견을 어떻게 알아낼 수 있을까요? '내재적 연관 검사'라는 사이트[5]에 가서 테스트를 한번 해 보세요. 이 사이트는 다양한 언어로 제공될 뿐만 아니라 인종·성적 지향·나이 등 여러 부문의 검사가 가능합니다. 여러분의 뇌가 무의식적으로 만

---

5. implicit.harvard.edu/implicit
   사이트에서 한국어를 선택할 수 있음.

들어 내는 내재적 편견을 직접 눈으로 확인하면 깜짝 놀랄지도 몰라요!

② **소녀들을 위한 과학 행사**: 학교나 동네에서 과학 행사를 계획해 보세요. 야광 점토나 반짝이 점토 만들기처럼 어린 여자아이들과 함께할 수 있는 간단한 과학 행사에서 자원봉사를 해 보세요! 인터넷을 찾아보면 과학과 관련된 물건 제조법이 아주 많이 나와 있습니다.

③ **'나는 고정관념 속 여자가 아니다' 프로젝트**: 소셜미디어를 이용해 고정관념들을 깨뜨리는 캠페인을 벌여 보세요. 셀카와 함께 '#나는고정관념을거부한다'라는 해시태그를 달고, 고정관념을 깨는 방법을 올리세요. 학교의 허락을 받아서 편견과 고정관념을 깨기 위해 애쓰는 사람들의 포스터를 만들고, 학교 주변에 붙여서 사람들의 관심을 끌어 보세요.

같은 일을 하는데도 임금이 달라요-성별 임금 격차

여러분이 어른이 된다고 해서 상황이 저절로 나아지는 않아요! 옛날에는 여자에게 아예 허용되지 않는 직업도 있었습니다. 신문의 광고 페이지가 여자 면과 남자 면이 따로 있을 정도였지요. 애초에 진입조차 불가능하다시피 한 분야에서 여자들이 뛰어난 역량을 발휘하기가 극도로 어려웠다는 점은 말할 필요도 없을 거예요. 그런데도 몇몇 선구적인 여자들은 용감하게 싸워 그 일을 해냈지요. 정말 대단하지요?

고맙게도 그런 선구적인 여성들 덕분에, 지금은 전 세계 많은 지역에서 여자와 남자가 같은 직업을 가질 수 있게 되었습니다. 미국에서는 성별에 따른 차별이 불법이 되었습니다. 그런데도 모든 분야에서 여성이 남성보다 돈을 적게 버는 것이 현실입니다. 여전히. 완전히 똑같은 일을 하는데도 말입니다. 2015년 통계를 보면 여성은 남성보다 수입이 20% 적습니다. 남자가 1000원을 벌 때 여자는 800원만 번 셈입니다. 이런 격차는 유색인종의 경우 더욱 심각합니다.

- 흑인 여자는 백인 남자가 1000원을 벌 때 630원 법니다.
- 라틴계 여자는 백인 남자가 1000원을 벌 때 겨우 540원을 법니다.
- 인종이나 민족에 상관없이 유색인 여성은 유색인 남성보다 수입이 적습니다. 유색인 남성은 백인 남성보다 수입이 적고요.

여성의 임금에 영향을 끼치는 다른 요소로는 장애 여부, 성적 지향, 성 정체성, 나이 등이 있습니다. 2015년 기준으로, 장애가 있는 사람의 수입은 장애가 없는 사람의 68%에 불과했습니다. 그리고 장애가 있는 여성은 장애가 있는 남성이 버는 돈의 69%를 벌었습니다. 트랜스젠더 여성은 트랜스젠더 남성보다 수입이 적고 커밍아웃한 후에는 실제로 임금이 깎였습니다. 레즈비언과 양성애자 여성은 게이와 양성애자 남성보다 수입이 적었습니다. 그리고 미국의 여러 곳에서 고용주들은 트랜스젠더와 성적 지향이 다른 사람들을 공공연하게 차별할 수 있습니다.

이 문제가 왜 중요할까요? 우리가 자본주의 사회에서 살고 있기 때문입니다. 자본주의 사회에서 '돈은 곧 권력'입니다. 여성은 돈을 적게 벌기 때문에 모든 연령대에서 남성보다 가난할 가능성이 큽니다. 은퇴한 후에도 수입이 더 적을 수밖에 없습니다. 은퇴자와 노인층을 위한 사회적 지원과 안전망은 과거에 일하면서 벌었던 돈에 비례하기 때문입니다.

이뿐만이 아닙니다. 무급 노동이라는 문제도 있습니다. 이성 커플에 관한 연구를 보면, 여성은 남성보다 집안일에 두 배의 시간을 씁니다. 직업이 있는 여성을 포함해서 말입니다. 그런데 집안일에 대한 보수는 없습니다. 자본주의 사회에서 어떤 행위의 '가치'는 '그 일을 함으로써 받는 돈'으로 정해집니다. 그러니까 우리 사회는 여성이 수행하는 요리·청소·육아 같은 집안일이 기본적으로 아무 가치가 없다고 말하는 셈입니다. 가치로운 노동이 분명한데도 말이에요. 여성이 집 안팎에서 수행하는 모든 일을 고려하면,

여성의 수입이 남성에 비해 여전히 적다는 사실은 정말 터무니없습니다.

> 임금 불평등은 단순히 물건을 살 돈이
> 더 적다는 뜻만은 아닙니다.
> 이것은 우리의 삶 전체에 영향을 미치는
> 구조적 불평등의 또 다른 형태입니다.

실천해 봐요!

① **성차별 일일 장터**: 성차별 일일 장터를 열어서 성별 임금 격차에 대해 경각심을 불러일으키세요! 이 일일 장터는 보통 일일 장터와 똑같습니다. 한 가지만 빼고요. 바로 남자는 여자보다 비싸게 물건을 사야 한다는 점입니다. 예를 들어 여자가 컵케이크 하나를 800원에 산다면, 남자는 1000원을 내야 합니다. 불공평하다고요? 그게 바로 핵심입니다. 흑인 여성과 라틴계 여성은 더 큰 차별을 받고 있다는 사실도 잊지 말고 알리세요.

② **여학생을 위한 직업 소개 모임**: 학교에서 특정 직업을 소개하는 작은 행사를 열어 보세요. 직업이 있는 여성들을 초대해 그들의 직업에 대해 그리고 성차별이 그들의 직장 생활에 어떤 영향을 미치는지에 대해 들어 보세요. 또한 어른이 돼서 해당 분야에서 일

하고 싶어 하는 여학생들에게 도움이 될 만한 조언을 부탁하세요. 다양한 직업의 여성을 초대하되, 특히 의사·엔지니어·과학자·최고 경영자·법률가처럼 전통적으로 남성이 주도하는 직업을 가진 여성을 많이 초대하세요.

③ **동일 임금의 날 알리기**: '동일 임금의 날'은 여성의 임금이 전년도 남성의 임금과 같게 되는 날을 말합니다. 예를 들어, 동일 임금의 날이 4월에 있으면 남성이 작년 1월에서 12월까지 번 돈을 여성은 다음 해 4월이 되어서야 벌었다는 뜻입니다. 동일 임금의 날은 전 세계 모든 나라에 있고, 날짜는 각 나라의 전년도 통계에 따라 달라집니다. 인터넷에서 '동일 임금의 날'을 검색해 날짜를 찾아보세요. 자료들을 프린트해서 전시하거나 시위를 계획해 보세요. 임금 격차에 대한 경각심을 불러일으킬 다양한 방법을 시도해 보세요.

흑인 여성은 우리 공동체의 주춧돌입니다.

우리는 대단히 훌륭하고 동일 임금을 받을 자격이 있습니다.

– 라번 콕스. 에미상 후보에 오른 여자 배우이자 트랜스젠더 선구자.

흑인 여성의 동일 임금의 날(2017년 7월 31일)에

여성이여, 정치적인 힘을 - 부족한 여성 공직자

알다시피, 미국에는 여성 대통령이 없었습니다. 그러나 클레오파트라부터 엘리자베스 2세까지, 인간의 역사가 글로 쓰이기 시작한 이래로 성공한 여성 지도자는 많았습니다. 세계 경제 포럼의 자료에 따르면 2018년 기준으로 15명의 여성이 국가 지도자로 재임 중이고, 그전 5년까지 범위를 넓히면, 59개 나라에 여성 지도자가 있었습니다.

하지만 여전히 전 세계의 정치 지도자와 선출직 공직자에서 여성이 차지하는 비율은 낮습니다. 미국 인구에서 여성이 차지하는 비율은 절반을 조금 넘습니다. 하지만 선출직 공직자의 여성 비중은 다음과 같습니다.

- 의회: 20% 아래
- 주 입법부: 25% 아래
- 시장급 직위: 20% 아래

2017년 기준으로 유색인 여성 38명흑인 18명, 라틴계 9명, 아시아와 태평양의 섬 출신 9명, 복합 인종 1명이 미국 하원의원으로 활동하고 있습니다. 과거까지 모두 합하면 총 61명의 하원의원이 선출되었습니다. 태미 볼드윈은 레즈비언임을 공개한 유일한 여성 상원의원입니다.

키르스텐 시네마는 양성애자임을 공개하고 최초로 당선된 여성 하원의원이 되었습니다.

분명히 우리는 먼 길을 걸어왔습니다. 1971년에는 미국 의회 의석의 3%만이 여성이었습니다. 정말 끔찍한 일이지요! 그러나 아직도 갈 길이 멉니다. 미국은 현재 의회 성평등 지수에서 101등에 자리하고 있습니다. 선출직에서 여성이 차지하는 비중이 미국보다 높은 나라가 100개나 된다는 말입니다. 의회에서 여성 비중이 가장 높은 나라는 르완다입니다. 쿠바, 아이슬란드, 니카라과는 공직에서 여성과 남성의 수가 거의 동등한 성평등 수준에 다다랐습니다. 한마디로, 미국 정부 기관에서 여성의 지위와 비중은 전 세계 대부분의 나라보다 뒤처집니다.

33쪽에서 알아보았던 가부장제를 기억하나요? 이것이 바로 가부장제의 실제 모습 중 하나입니다. 남성은 말 그대로 여성과 소녀들의 삶을 지배하는 나라 전체와 정부 시스템, 법률과 정치 영역에서 권력을 더 많이 누리고 있습니다.

한 가지 좋은 소식은 오늘날 여성들이 기록적인 숫자로 공직 선거에 출마하고 있다는 사실입니다. 2016년 미국 대통령 선거 이후, 공직 선거 출마를 희망하는 여성을 교육하는 단체가 큰 관심 속에 속속 생겨났습니다. 최근의 선거 추세는 많은 여성이 미국을 발전시킬 미래의 시장, 주지사, 상원의원이 될 것을 보여 줍니다. 그리고 대통령까지도요!

> 우리는 우리의 롤모델을 찾고,
> 지도자 위치를 차지하도록 서로를 지지하고,
> 선거를 통해 소녀들과 관련된
> 이슈를 제기하고 목소리를 내야 합니다.

　실제로 2017년 선거에서 여성은 긍정적으로 선거 판도를 흔들었고, 모든 곳에서 기록적인 수치를 올렸습니다. 버지니아주에서 아시아 여성과 라틴계 여성 각각 한 명이 처음으로 하원의원에 당선되었습니다. 커밍아웃한 레즈비언과 트랜스젠더 여성도 최초로 하원의원이 되었습니다. 안드리아 젠킨스는 미니애폴리스 시의회에 진출함으로써 공직 선거에서 최초로 당선된, 커밍아웃한 트랜스젠더 유색인 여성이 되었습니다. 콜로라도주의 오로라에서는 20대 풋내기 여자 대학원생이 현역 시의원인 79세 남자를 이기고 시의회에 진출했습니다. 시애틀에서는 시 역사상 처음으로 커밍아웃한 레즈비언이 시장으로 선출되었습니다. 노스캐롤라이나주의 샬럿시에서는 지역 최초로 흑인 여성이 시장으로 뽑혔습니다. 그리고 뉴저지주에서는 지역 최초로 흑인 부주지사가 탄생했습니다. 이건 정말이지 전례가 없는 대단한 일입니다!

하지만 우리에게는 아직도 많은 도전이 남아 있습니다. 우리는 우리의 롤모델을 찾고, 지도자 위치를 차지하도록 서로를 지지하고, 선거를 통해 소녀들과 관련된 이슈를 제기하고 목소리를 내야 합니다.

실천해 봐요!

① **여성 후보를 위한 자원봉사**: 나이가 어려 투표권이 없는 사람도 선거 운동 자원봉사는 할 수 있습니다. 투표만 빼면 사실 개인적인 지원 활동은 후보의 당선을 돕는 가장 효과적인 방법의 하나입니다. 선거 운동 담당자에게 연락해 보세요. 바로 자원봉사자로 받아 줄 거예요! 좀 더 재미있게 일하고 싶으면 친구들과 함께 가 보세요. 그리고 사람들이 일하는 방식을 머릿속에 잘 새겨 두세요. 몇 년 후에 여러분이 직접 선거에 출마할 때 도움이 될지 누가 알아요?

② **후보 지지 파티 열기**: 여성 후보를 열렬히 지지한다고요? 그렇다면 후원금 모금과 홍보를 위한 파티를 여세요. 친구들과 가족들을 비롯해 머릿속에 떠오르는 사람들을 모두 초대하세요. 나이 어린 사람들도 참석할 수 있도록 모금 액수를 적절하게 정하고, 과자와 음료를 제공하세요. 후보의 선거 캠프에 연락해 파티 장소에 내걸거나 사람들에게 나누어 줄 자료를 달라고 하세요. 후보에게도

꼭 알리세요. 후보가 파티장에 들를지도 모르잖아요!

③ 투표 참여 독려: 여러분한테 투표권이 없어도 다른 사람들이 시민의 의무를 다할 수 있도록 힘을 보탤 수는 있어요! 소셜미디어를 통해 투표권에 관한 정보를 공유하세요. 전화로 투표를 독려하는 캠페인에 자원봉사를 하세요.

> 우리는 인구의 절반을 차지합니다.
> 의회도 당연히 절반을 차지해야 합니다.
> - 저넷 랭킨, 미국 최초의 여성 하원의원

우리를 표현하는 방법은 우리가 정해요!
- 소녀의 성적 대상화와 강간 문화

바비 인형. 브랏츠 인형. 몬스터 하이 인형. 우리가 앞에서 살펴보았던, 소녀들에게 강요되는 행동과 외모 중 일부는 여자아이들을 대상으로 파는 인형 같은 상품을 통해서도 드러납니다. 이런 물건은 여성을 과도하게 성적 대상으로 삼는 경우가 많습니다. 과도한 성적 대상화는 소녀들에게 단순히 섹스하라고 하거나 섹시해야 한다고 강요한다는 뜻은 아닙니다. 성적 대상화는 여성의 가치는 얼마나 매력적인지에 따라 결정되고, 매력은 섹시해질 수 있는 능력에 달려 있다고 생각하는 문화적인 관념을 가리키는 말입니다. 과도한 성적 대상화는 이 관념이 극단적인 형태로 발전한 것입니다.

과도한 성적 대상화는 소녀들이 스스로 자신을 성적 대상으로 여기는 결과를 낳을 수 있습니다. 우리 스스로 우리의 가치가 다른 사람들의 눈에 얼마나 섹시해 보이는지에 따라 결정된다고 믿게 된다는 뜻입니다. 이런 생각에 사로잡히면 외모 때문에 불안감을 느끼고, 불안감은 우울증과 낮은 자부심, 낮은 자존감 등으로 발전할 수 있습니다.

과도한 성적 대상화는 특히 흑인 소녀들에게 큰 영향을 끼칩니다. 최근에 발표된 한 연구에 따르면, 사람들은 대개 흑인 소녀들을 백인 소녀들보다 더 '성숙'하고 덜 '순진'하게 여긴다고 합니다. 이런 고정관념은 흑인 소녀들이 섹스를 비롯해 성과 관련된 문제들을 더 잘 알고 있고, 따라서 배려와 보살핌이 상대적으로 덜 필요하며 더 독립적이라는 인식을 낳을 수 있습니다. 그리고 바로 이런 인식 때문에 흑인 소녀들은 평균적으로 볼 때 더 낮은 자존감을 가지는 경우가 많고, 그럼에도 학교에서는 더 가혹한 처벌을 감내해야 하는 상황에 내몰리게 될 수 있습니다.

소녀를 성적 대상으로 볼 때 발생하는 가장 큰 문제는 가부장적인 사회의 매우 복잡하고 혐오스러운 모습 중 하나인 강간 문화입니다. 강간 문화란 여성에 대한 성폭력을 대수롭지 않은 일로 여기는 사회·문화적 관념과 이미지·관행·제도 등을 통틀어 이르는 말입니다.

소녀들은 자신들의 성적 매력이 가장 가치로운 것이라고 배우는 반면에, 소년들은 소녀들이 자신들에게 즐거움을 주는 성적 대상이며, 소녀들의 몸은 그들의 감정이나 경험을 고려할 필요도 없이 그저 구경거리와 이야깃거리, 평가 대상일 뿐이고 아무렇지 않게 만져도 되는 것이라고 배웁니다. '그 남자는 너를 좋아하기 때문에 너한테 못되게 구는 거야.'라는, 그나마 순진하고 악의가 없는 말조차도 여성에 대한 남성의 공격성이 용납될 뿐 아니라 심지어는 귀여운 행동이라는 왜곡된 관념을 주입할 수 있습니다.

강간 문화는 운동장에서 짓궂은 행동을 하거나 놀리는 말을 하는 사소한 언행으로 시작될 수 있지만, 그 결과는 지극히 심각합니다. 미국의 '강간·학대·근친상간 전국 네트워크'라는 단체에 따르면, 18세 미만의 어린이 아홉 명 가운데 한 명이 성인에게 성폭력을 당합니다. 그중 82%가 여자입니다.

강간 문화의 또 다른 측면은 성희롱과 성적 학대, 성폭력의 책임이 소녀들에게 있다는 믿음입니다. 만약 소녀가 '착하면' 섹스를 하지 않을 것이다. 따라서 소녀가 강간을 당했다면, 그것은 그 아이가 '착한 소녀'가 아니기 때문이다. 여자아이는 자신을 지키지 않았거나, 자신이 원하는 바를 제대로 전달하지 않았거나, 정숙해 보이도록 적절한 옷을 입지 않았기 때문에 성폭력을 당한 것이다. 이런 식으로 부담은 늘 강간을 당하지 말아야 하는 소녀들의 몫이 됩니다. 강간하는 사람에게 강간하지 말라고 압력을 넣어야 할 판에 말입니다. 이것은 정말 터무니없는 일입니다. 이게 '멋진 게임기를 가지고 있는 건 다른 사람에게 제발 훔쳐 가라고 부탁하는 거야.' 라고 말하는 것과 뭐가 다를까요? 소녀들은 순결을 지키라는 압박을 받는 동시에 과도한 성적 대상화 문화에 지속적으로 노출되고 있습니다. 이렇게 상충된 메시지들이 나오니, 우리가 어떻게 눈살을 찌푸리지 않을 수 있고, 분통을 터뜨리지 않을 수 있겠습니까? 참고로 눈살이나 분통 터트리기는 사회적으로 용납되는 반응입니다.

자신감을 가지세요. 여러분의 마음이 시키는 대로 말하세요!
사회가 규정한 '착한 여자아이'라는 틀에
여러분을 가두지 마세요.
– 애나 개리슨-베델, 인종차별과 성차별, 소득 불평등, 동성애 혐오에
맞서 싸우는 10대 상호교차성 페미니스트

도움을 청하세요

만약 여러분이 성적 학대나 성폭력을 당했거나 당하고 있다면, 여러분은 혼자가 아니라는 사실을 기억하세요. 나는 열여덟 살 때 대학에서 성폭력을 겪었습니다. 성폭력을 당하는 여성은 너무도 많습니다. 만약 여러분이 누군가에게 말하고 싶은데 신분 노출 등의 이유로 꺼려진다면, 또 가까운 곳에서 도움을 얻고 싶다면 성폭력을 다루는 상담 센터에 전화하거나 온라인으로 대화를 나눠 보세요. 강간 문화의 영향 중 가장 잔인하고 파괴적인 것은, 엄청나게 많은 소녀가 매일 성폭력에 노출되는 현실을 바꾸기는커녕 아무렇지도 않게 여기거나 오히려 장려한다는 사실입니다. 이런 사회와 맞서려면 도움이 필요합니다. 망설이지 말고 도움을 청하세요.

우리는 우리의 몸과 성적 자아에 대한 지배력을 되찾음으로써 강간 문화와 과도한 성적 대상화에 맞설 수 있습니다. 우리 주변에서 벌어지는 일들의 실상을 알게 되면 옷을 어떻게 입을지, 누구와 데이트를 하고 성적 관계를 맺을지, 내 몸을 어떻게 느끼는 것이 옳은지를 스스로 판단할 수 있습니다. 헐렁한 청바지를 입든 미니스커트를 입든, 머리를 길게 기르든 아주 짧게 자르든, 화장을 하나도 안 하든 진한 빨간색 립스틱을 바르든, 자신의 성을 어떻게 표현할지는 여러분의 몫입니다. 여러분은 그 누구의 성적 대상도 아닙니다.

실천해 봐요!

① **좋으면 좋다, 싫으면 싫다**: 우리 사회의 문화는 10대 소녀들에게 섹스를 하지 말라고 말하는 데는 시간을 엄청 많이 쓰면서도, 정작 섹스에 관한 자신의 의견을 어떻게 분명하게 말할지, 성관계를 맺기 전에 상대에게 동의나 거부 의사를 어떻게 표현할지에 관해서는 거의 말하지 않습니다. 학교나 청소년 모임에 성교육 전문가를 초대해 성관계에서의 동의 문제에 대한 강연을 들어 보세요. 또한 다음번 댄스파티나 동창회 전에 '나는 상대의 동의를 존중한다'라는 내용을 담은 서약서를 준비해 참가자들에게 서명을 받으세요.

② **성교육 제대로 받기**: 여러분이 다니는 학교에서 '포괄적 성교육'을 받은 적이 있나요? 포괄적 성교육은 유네스코가 규정한 새로운 성교육으로 다음과 같은 내용을 포함합니다. 초등학생들에게 기존의 성교육 외에 신체 자율권과 어른들의 신체 접촉을 거부할 권리를 가르칩니다. 10대 청소년에게는 임신과 성병을 예방하는 법, 동성애 및 트랜스젠더에 대한 정보, 동의와 성적 의사소통 등을 가르쳐야 합니다. 그 밖에 위험에 처한 사람을 보았을 때 도와줄 방법에 대한 교육도 포함됩니다. 만약 여러분이 받는 성교육에 이런 내용들이 빠져 있다면 포함시켜 달라고 요구하세요. 성교육 커리큘럼 구성에 관한 도움이 필요하면 관련 정보를 제공하는 단체에 연락해 보세요. 만약 여러분이 공식적인 통로를 통해 이런

성교육을 받을 수 없다면, 친구들과 수다를 떠는 것처럼 자유롭게 대화하는 또래 성교육 모임을 만들어 보세요.

③ **강간 피해자를 위한 돌봄 키트 만들기**: 여러분 지역에 있는 성폭력 위기 센터에 연락해 성폭력 피해자를 위한 세면용품, 화장품, 옷 등으로 구성된 '돌봄 키트'를 기부 받는지 알아보세요. 만약 성폭력 피해자가 신체검사 및 증거물 채취'성폭력 응급 키트'를 위해 응급실에 가게 되면 갈아입을 편안한 옷이나 인간다움을 상실하지 않았다고 느끼게 해 줄 기본적인 물품이 필요한 경우가 많습니다. 여러분의 학교, 교회, 커뮤니티센터에서 물품을 모으세요.

일어나요! 목소리를 높여요! 맞서 싸워요!

누군가가 여러분의 권리를 침해하면 어떻게 해야 할까요? 일어나세요! 목소리를 높이세요! 맞서 싸우세요! 저항하세요.

그런데 어디에서부터 시작해야 할까요? 마구 뒤엉켜 있는 문제들을 생각하는 것만으로도 여러분의 머리는 터져 나갈 지경이 될 거예요. 그나마 다행인 것은 우리가 영리하고, 강하고, 끈질기다는 사실입니다. 우리는 그래야만 합니다.

우리는 또한 낙관적입니다. 우리가 살아 있는 동안은 상황이 나아질 것이라고 믿고, 행동해서 그렇게 만들면 됩니다.

우리는 우리 자신과 다른 사람들의 권리를 위해 행동합니다. 우리에게 불리한 법과 규칙을 통과시키고 싶어 하는 권력자들 앞에 주저앉지 않습니다. 침묵 지키기를 거부하고 우리의 소리를 들으라고 요구합니다. 세계 인구의 절반을 차지하는 우리는 동등하게 대우받을 자격이 있습니다. 이 외에 어떤 자격이 더 필요한가요?

물론 하루아침에 모든 것을 바꿀 수는 없습니다. 우리가 개개인의 힘으로 세상의 모든 불공정을 끝장낼 수는 없습니다. 맞서 싸우기 위해 실천하고, 세상에 선한 것을 다시 퍼트리고, 각자가 더 나은 미래를 위한 일에 기꺼이 나서야 합니다. 힘을 기르고 지역사회에서 소녀 저항운동을 벌여야 합니다. 우리는 그렇게 시작할 수 있습니다. 더 많은 소녀가 자신의 미래를 스스로 만들어 나아가고, 세상을 더 나은 곳으로 만들기 위해 행동한다면 우리는 함께 승리할 것입니다. 이것이 바로 소녀 저항운동의 모습입니다.

한 세대의 소녀들이 목소리를 내고, 옳은 일을 위해 일어서고, 큰 소리로 외치고, 모두를 위한 정의를 요구하고, 서로를 지지하고, 길잡이가 되고, 사회 시스템이 우리를 주저앉히지 못하도록 하는 것이 바로 소녀 저항 운동입니다.

자, 저항할 준비가 됐나요?

☆ 한번 더 생각해 봅시다   ☆ ☆ ☆ ☆ ☆

1. 사회운동은 더 많은 사람이 혜택을 누리도록 권력의 변화를 이끌어내기 위한 행동입니다.

여러분은 어떤 경험을 통해 '대중의 힘' 또는 풀뿌리 조직을 알게 되었나요? 어떻게 하면 여러분의 학교나 지역사회에 존재하는 수직적 계층 구조와 불공평한 법, 여러 형태의 제도적인 억압에 대항하기 위해 다른 사람들과 더불어 목소리를 낼 수 있을까요? 여러분의 아이디어들을 실천에 옮겨 긍정적인 변화를 끌어내 보세요.

2. 여성들은 여자라는 이유만으로 수많은 억압을 경험하고 있습니다.

직장에서 불평등한 급여나 불공평한 대접을 경험한 여성들을 알고 있나요? 그분들은 어떻게 대처했다고 하던가요? 혹시 자신이 젠더 이분법적인 사고에 빠져 있다는 사실을 경험한 적이 있나요? 젠더 고정관념과 그것이 만들어 내는 암묵적 편견에서 벗어날 수 있는 열린 마음을 갖기 위한 방법으로 어떤 것들이 있을까요?

3. 권력이 없는 평범한 사람도 소녀 저항운동에 참여할 수 있습니다.

풀뿌리 조직과 사회운동은 평범한 사람들이 함께 일어나서 힘을 키우고, 그 힘으로 변화를 일으킵니다. 더 나은 세상을 위한 여러분의 비전을 만들고 지금 바로 실천하세요!

☆ ☆ ☆ ☆ ☆ ☆ ☆ ☆ ☆ ☆ ☆ ☆ ☆

2

운동의 첫발,

캠페인 계획 세우기

여러분은 고향이나 지역사회, 나라 안, 그리고 전 세계에서 일어나는 불공평하고, 끔찍하고, 변화가 필요한 모든 문제와 상황에 압도되는 기분을 느낄지도 모릅니다. 사회운동이 필요한 수많은 부당한 일 앞에서, 무엇부터 시작해야 할지 혼란스러울 수도 있고요. 이 장에서는 사회운동이 필요한 사안을 선택하고, 목표를 세우고, 도움을 얻을 수 있는 사람을 찾는 방법에 대해 알아보려고 합니다. 준비됐나요?

- 한번 잘해 보자고요! 〉

"우리 모두가 행동하는 이유는 간단합니다.
이 세상을 지금의 모습 그대로 두어서는 안 된다는 믿음,
우리가 사는 세상을 바꾸어야 할 의무가 있다는 믿음
때문입니다."

- 미셸 오바마, 미국의 전 영부인

캠페인 계획은 내 힘으로!

사회운동가로서 첫걸음을 내딛는 가장 좋은 방법은 힘을 최대한 쏟을 수 있는 한두 영역에 집중하는 것입니다. 물론 그렇다고 해서 세상의 여러 문제에 관심을 두지 말라는 뜻은 아닙니다. 당연히 관심을 가져야 합니다! 공정과 공평에 관심이 있는 사람이 좋은 사람이자 좋은 운동가가 되는 법이니까요.

하지만 우선은 지금 당장 맞설 한 가지 사안을 위한 캠페인을 어떻게 벌여야 하는지에 대해 알아봅시다. 왜냐고요? 모든 사안을 동시에 해결하기란 불가능하니까요. 한꺼번에 모든 일을 하려고 하면 압도당하는 기분이 들고, 결국 과로에서 오는 신체적·정서적 탈진 상태인 '사회운동가 번아웃'을 겪을 수 있습니다.8장에서 이런 피로를 해소하는 법에 대해 더 배울 거예요.

사회운동을 시작할 한 지점을 선택하여 그곳에 힘을 집중함으로써 여러분은 최대의 효과를 거둘 수 있습니다. 또한 그렇게 해야 다른 운동이나 캠페인을 시작하고 싶을 때 다시 앞으로 나아갈 힘을 낼 수 있습니다.

마인드맵을 사용해 사회운동 사안 고르기

어떤 캠페인을 계획할 때 가장 어려운 부분은 어디에서부터 시작할지 결정하는 일입니다. '너는 뭐든 할 수 있어!'라는 말이 듣기에는 좋지만, 뒤집어 생각하면 모든 것을 할 수 있다는 말로 들립니다. 이것은 사람을 지치게 할 뿐만 아니라 가능하지도 않습니다. 따라서 선택의 폭을 좁힐 필요가 있습니다!

마인드맵을 사용해 보세요. 이 멋진 시각적 도구는 머릿속에서 이리저리 날뛰는 생각을 밖으로 꺼내서 알아보기 쉽게 정리해 줍니다. 마인드맵은 표나 그래프처럼 딱딱한 틀을 사용하지 않습니다. 의사 결정, 프로젝트 계획, 수업 필기 등 온갖 일에 사용할 수 있습니다. 이 책에서는 사회운동 사안을 선택하는 것에 사용할 것입니다. 70쪽에 있는 빈 마인드맵을 활용해도 되고 스스로 하나를 그려도 됩니다.

사회운동을 가장 잘 나타낼 수 있는 그림은 무엇이라고 생각하세요? 그 그림을 마인드맵 중심에 있는 원에 그리세요. 확성기, 붓,

집회 팻말, 강렬한 의상을 입은 사람 등 무엇이든 좋습니다. 그림 그리는 것을 유치하게 느낄 수도 있지만, 뇌의 창의적인 부분을 자극하고 자유로운 사고의 흐름을 유도할 수 있습니다.

이제, 작은 원들에 관심이 있는 사안이나 문제들을 적으세요. 필요하면 원을 추가해도 됩니다. 너무 깊이 생각하지 말고 머릿속에 떠오르는 대로 적어 보세요. 여러 색깔의 사인펜을 사용해도 좋고 검정 펜만 써도 좋습니다. 뭐든 여러분이 좋아하는 방식으로 적어 보세요.

이번에는 원 주변에 왜 그 사안에 관심을 가지게 되었는지, 그리고 여러분에게 무한한 자원이 주어진다면 어떤 변화를 만들어 내고 싶은지 적으세요. 이것도 그냥 떠오르는 대로 적어 보세요. 각 이유와 생각이 원 안에 있는 사안과 연결되도록 줄을 그으세요. 사안마다 차례로 이 과정을 반복하세요.

여러분이 그린 마인드맵을 보세요. 어떤 사안과 관련된 글이 가장 많나요? 여러분이 가장 의욕을 느끼는 사안은 어떤 것인가요? 그것을 여러분 캠페인의 핵심 사안, 즉 가장 깊이 생각하고 최우선으로 변화를 도모할 문제로 정하세요. 이것이 여러분의 1번 사안이라는 것을 한눈에 알아볼 수 있도록 표시해 두세요. 주위에 별이나 하트를 잔뜩 그려도 좋고, 형광펜이나 두꺼운 검정 사인펜

마인드맵

이 틀을 사용하거나 직접 새로 하나 그려서 나에게 맞춘 사회운동 마인
드맵을 만들어 보세요.

① 맨 먼저 여러분이 생각하는, 사회운동을 상징하는 그림을 그립니다.
② 관심 있는 사안들을 적습니다.
③ 밑줄 위에 관심이 생기게 된 이유를 씁니다.

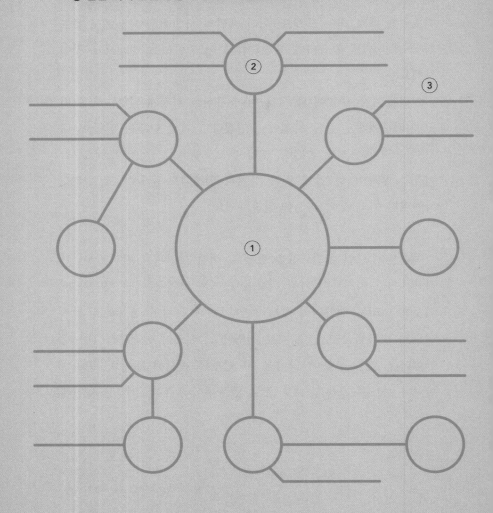

으로 동그라미를 그려도 됩니다. 작은 콜라주를 만들 수도 있고요. 이제 여러분은 이 골치 아픈 사안에 도전하기로 결정한 것입니다.

여러분의 캠페인에서 당장 다루지 못하는 다른 사안들에 대해서는 그 문제들을 개선하거나 해결하는 데 도움이 될 만한 작고 구체적인 방법을 하나씩 떠올려 보세요. 그렇게 하면 핵심 사안에 집중하느라 다른 문제들을 아예 나 몰라라 하는 것 같은 기분이 안 들 거예요. 부차적인 사안들에 각각 연결되는 선을 하나씩 그린 다음 '돈 기부하기', '청원에 서명하기', '온라인으로 공유하기' 등 간단한 행동 방침을 쓰세요. '그래, 좋아. 나는 이걸 해낼 수 있어!'라는 마음을 나타내는 뜻으로, 별이나 스마일 같은 작은 그림으로 표시해 두세요. 명심하세요. 사회운동에서는 앞에서 이끄는 것만큼이나 뒤에서 따르며 응원하는 것이 중요합니다.

됐어요! 마인드맵이 완성되었습니다. 잘했어요. 잘 보이는 곳에 마인드맵을 걸어 놓거나 보관한 다음 수시로 보면서 변화를 위한 영감을 얻으세요.

반드시 마인드맵을 그려야 하느냐고요?

아니에요. 이미 집중할 사안을 알고 있는 경우 또는 뉴스나 트윗, 게시물을 보고 분노가 치민 경우에는 곧바로 운동을 시작해도 괜찮습니다. 특히 최근에 일어난 일이고 시간이 정해진 일(예를 들어, 트랜스젠더에게 차별적인 법안 같은 것)은 당장 시작해도 좋습니다. 곧바로 캠페인 계획을 세우는 것도 문제없어요!

사회운동의 나침반, 캠페인 계획 세우기

이제 집중할 사안을 정했으니, 변화를 어떻게 끌어낼지에 대한 계획을 세워야 합니다. 이 단계에서 거시적인 계획은 수립하지 않은 채 '뭔가를 할' 단기적인 생각을 하는 경우가 많습니다. 즉, 어떻게 이전에 무엇을 먼저 생각하는 것입니다. 스톤월 항쟁, 흑인의 생명도 소중하다블랙 라이브즈 매터·Black Live Matter, 월 가를 점령하라 Occupy Wall Street, 2017년 여성 행진처럼 사회운동가들의 즉흥적인 움직임이 믿을 수 없을 정도로 큰 운동으로 발전하고 변화를 일으키는 데 성공한 경우도 많습니다.

하지만 지속적인 노력을 기울이고 싶다면 전략이 필요합니다. 대부분은 하룻밤 사이에 해결할 수 있는 문제가 아니므로 반드시 지속해야 하지요. '나는 이 문제에 대해 엄청 분노하고 있고, 변화가 필요해.'라는 생각으로 시작해 보세요.

그런 다음, 변화와 승리와 진보가 가져올 모습을 정의해 보세요. 이런 식으로 장기적이고 거시적인 발전과 핵심 세부사항을 동시에 고려하는 것은 모든 사회운동가에게 어려운 일입니다. 그래서 소개합니다. 두구두구두구 캠페인 계획!

**곧바로 시위를 시작하지 마세요.
계획 세우기가 먼저입니다.**

캠페인 계획은 말 그대로 캠페인을 계획하는 일입니다. 솔직히 재미있는 일처럼 들리지 않을 거예요. 뭔가 더 자유롭고 멋진 이름을 붙여 보세요. 캠페인 계획은 지도이자 나침반입니다. 마음속으로 성공한 결과를 그리면서 거기까지 갈 경로를 구상할 수 있도록 도와줍니다. 큰 그림을 보여 줄 뿐만 아니라 어떤 결정을 하거나 캠페인 도중 방향을 수정할 때도 도움이 됩니다. 이런 도움이 있어야만 집중력을 유지하고 실패를 딛고 다음 단계로 전진할 수 있습니다. 캠페인 계획은 완성된 것이 아니라 작업 중인 문서와 같습니다. 그래서 아무 때나 예를 들어, 선거 결과가 여러분의 바람과 다르게 나온 경우 수정하고 업데이트할 수 있지요.

운동의 비전과 목표는 어떻게 다를까?

캠페인 계획의 출발점은 비전입니다. 비전이 무엇인지 정하려면 다음 두 가지 질문을 던져 보세요.

- 왜 이 사안을 다루고 싶은가?
- 무엇을 위해 싸우고 있는가?

달리 표현하면, 여러분이 이루려고 싸운 모든 것이 달성되었을 때 세상은 어떤 모습일까요? 많은 경우에, 비전은 여러분의 사회운동이 더 이상 필요하지 않은 상태와 같습니다. 세상이 그만큼 좋아진 것이니까요. 예를 들어, 여러분이 다루려는 사안이 성 소수자 청소년들의 노숙 문제라면, 비전은 성 정체성과 무관하게 모든 청소년이 안전하고 안정적인 거주지를 갖는 것입니다. 매우 명확하고 고무적인 비전이지요. 하지만 이것이 목표는 아닙니다.

많은 사회운동가가 비전과 목표를 혼동합니다. 비전은 매우 거시적인 것으로, 활동하는 이유입니다. 여러분이 무엇을 위해 싸우는지 상기해 주는 것이지요. 여러분이 원하는 모든 것을 쟁취했을 때의 긍정적 결과가 곧 비전입니다. 반면에 목표는 측정이 가능하고 구체적입니다. 목표는 성취할 수 있는 세부적인 단계 또는 국면으로 나눌 필요가 있습니다. 이제 그 방법을 살펴보겠습니다.

핵심 목표 정하기

먼저, 여러분이 달성하고 싶은 큰 것을 하나 적어 보세요. 여러 분이 일어나기를 바라는, 측정하고, 달성할 수 있는 구체적인 행동을 말하는 것입니다.

예를 들면, 여러분은 차별 반대 법안 통과, 방과 후 프로그램을 위한 모금, 학교 마스코트를 샴고양이로 바꾸기 등 다양한 것을 원할 수 있습니다. 무엇이든 좋습니다! 이것이 바로 여러분 캠페인의 목적이 됩니다. 여러분이 100% 성공하면, 그 결과가 여러분이 달성할 목표가 됩니다.

단기적 목표와 중기적 목표 차례차례 세우기

단기적 목표와 중기적 목표는 핵심 목표를 향하는 과정에서 완수해야 하는 작은 목표들입니다. 학교 복장 규정을 바꾸려고 한다고 가정해 보세요. 여러분의 작은 목표는 다음과 같은 것이 될 수 있습니다.

- 학교 사람들에게 해당 사안을 알리고 교육하기
- 언론이나 소셜미디어의 관심 끌기
- 학교 운영위원회나 행정 직원들의 지지 얻기

이 목표들을 어떻게 달성할 것인지에 대해서는 말하지 않는다는 점에 주목하세요. 목표는 무엇에 관한 것입니다. 이렇게 작지만 중요한 이정표를 생각하면 가장 효과적인 전략 및 전술—시위, 청원, 모금모두 다음 장에서 다룰 내용입니다.—을 결정할 수 있습니다. 하지만 그에 앞서 변화를 이루기 위해서는 누구의 지지를 받아야 하는지부터 알아야 합니다.

대상자 목록 만들기

이제 무엇을 달성하고 싶은지—여러분의 목표—를 알았으니 누가 그런 일이 일어나도록 할 수 있는지, 누가 여러분의 목표 달성을 방해하는지, 또는 누가 여러분을 도와줄 힘이 있는지 등을 생각해야 합니다. 바로 여러분의 대상을 정하는 일입니다. 어느 캠페인이나 대상이 최소한 하나는 있습니다.

대부분의 경우에 대상은 구조적 권력을 가진 사람입니다. 예를 들어, '학교'는 콘크리트 덩어리처럼 단단하기 때문에 대상이 될 수 없지만, 학교 위원회 위원들이나, 교장, 교육감은 대상이 될 수 있습니다. 대상이 없는 사회운동은 명확한 방향성이 없는 셈입니다. 아무도 듣지 않는데 허공에 대고 소리를 지르는 격이지요. 그러니 괜히 목만 쉬는 경우가 생기지 않도록 대상이 될 사람의 목록을 미리 만들어야 합니다.

어쩌면 여러분은 '말은 쉽죠, 작가님. 수많은 일의 책임자가 누구인지 일일이 어떻게 알겠어요?'라고 생각하고 있을지도 모르겠네요.

간단히 답하자면, 이 문제는 전적으로 여러분의 목표가 무엇인지에 달려 있습니다. 성차별적인 복장 규정의 경우에는 쉽습니다. 인터넷 검색을 조금만 해 보거나 학교 규정집을 들여다보면 누가 학교 규정에 대한 결정을 내리는지 알 수 있습니다. 하지만 목표가 조금 더 큰 경우에는—트랜스젠더에게 차별적인 미국 노스캐롤라이나주의 일명 '화장실 법' 같은 것—중학교 사회 시간에 배웠던 지식을 총 동원해야 할지도 모릅니다. 여러분의 대상이 기업 최고 경영자나 소규모 사업체의 사장처럼 힘을 가진 개인일 수도 있습니다. 혹은 여러분이 바꾸고자 하는 잘못된 일이 누구의 책임인지 아예 모를 수도 있습니다. 윽!

걱정하지 마세요. 지금부터 대부분의 사회운동 대상이 되는 사람들을 개괄적으로 소개할 테니까요. 이들은 구조적 권력을 가지고 있기 때문에 여러분이 성공으로 가는 차표가 될 수 있는 사람들입니다.

정부의 주요 인물

여러분이 사는 지역에 영향을 미치는 결정을 누가 내리는지 궁금했던 적이 있나요? 속도 제한은 얼마이고, 여러분의 부모님이 내는 세금은 얼마인지 결정하는 사람은 누구일까요? 소비자들을 사기로부터 보호하거나 학대당하는 동물들을 보호하는 규칙을 제정하는 사람은 누구일까요?

여러 행정 단위에서 많은 사람이 입법법을 만드는활동을 합니다. 입법부를 구성하는 선출직 공직자들은 새로운 법을 제정하고 기존 법을 개정하는 과정에서 최대한 많은 사람의 견해와 바람을 반영하고 고려해야 합니다.

① 지방 정부: 지역사회의 일상에 가장 큰 영향을 미치는 사람은 주로 지방 선출직 공직자들입니다. 그들이 유권자와 가장 가깝기 때문입니다. 유권자는 정치적 견해를 바탕으로 후보를 당선시킬 사람일 뿐만 아니라 이웃이거나 가게 주인이거나 종교인이거나 자녀들의 교사인 사람들이지요.

지방 입법부에는 시 의회, 구 의회 등 몇 가지 종류가 있습니다. 또한 시장, 구청장 등 행정 단위를 이끄는 지방자치단체의 장도 있습니다. 여러분 지역의 정부 구성에 대해 알고 싶으면 인터넷으로 여러분의 지역을 검색해서 지역 정부의 공식 홈페이지에 접속해 보세요.주의: 촌스러운 홈페이지 디자인을 볼 마음의 준비를 하세요.

② 중앙 정부: 정부는 세 개의 기관으로 구성된 견제와 균형의 시스템입니다. 즉, 입법부의회, 행정부대통령, 사법부연방 대법원로 구성되어 있지요. 미국 대통령이나 연방 대법원으로 하여금 여러분의 관심사에 귀를 기울이게 만드는 일은 꽤 어렵지만, 의회 의원들은 여러분의 지방 입법부 구성원들과 마찬가지로 선출된 공직자들입니다. 그들은 유권자—여러분의 가족, 선생님들, 이웃들을 비롯해 여러분이 알고, 의견에 영향을 미칠 수 있는 모든 사람—를 위해 일합니다. 법은 법안으로 시작해 국회에서 표결을 거친 후 대통령

에게 전달되는 것이 일반적인 순서입니다.

③ 세계적 범위: 세계에는 다양한 정부 시스템을 가진 국가와 공동체가 존재하지만, 어떤 형태로든 지도자―대통령, 왕, 여왕, 에미르이슬람 국가의 왕, 군주 등으로 불리는 사람―가 있습니다. 다만, 국민이 선거로 직접 선출하는지 여부는 나라마다 다르지요. 당연한 말이겠지만, 이런 사람들에게 직접 접근하기는 쉽지 않습니다. 그래도 한번쯤 엘리자베스 여왕이나 앙겔라 메르켈 총리에 편지를 써 보는 것도 해 볼 만한 일이에요.

민간 부분의 힘 있는 사람들

① 비영리 단체: 말 그대로 영리를 추구하지 않는 단체입니다. 비영리 단체는 공익또는 그들이 공익이라고 믿는 것. 모든 비영리 단체의 목적에 여러분이 동의하지 않을 수도 있으니까요.을 달성하기 위해 존재합니다. 비영리 단체에는 흔히 이사회가 있고 이사회를 이끄는 장이 있습니다. 대부분의 경우 이사의 봉급 액수를 비롯한 재무 기록을 공개해야 합니다.

② 규모가 큰 기업: 기업의 목적은 돈을 버는 것입니다. 상점, 사업체, 미디어 회사 등이 모두 기업으로 분류됩니다. 유한책임회사처럼 조금 다른 법적 명칭을 쓰는 경우도 있습니다. 기업은 개인이 주인인 경우도 있고, 이사회나 주주 같은 집단, 또는 그 둘의

조합이 소유하는 경우도 있습니다. 기업에는 대개 수장인 회장이나 임원이 있습니다. 이들의 수입이나 보수는 반드시 공개할 의무는 없습니다.

③ 지역 사업체 : 기업의 한 종류지만, 규모가 작고 지역적으로 영업하며, 소유주이자 창립자인 한 사람 또는 몇 사람이 운영합니다. 투자자가 있을 수는 있지만 대체로 주주는 없습니다.

④ 미디어 회사 : 잡지, 블로그, 신문, 라디오 및 신문 방송국을 포함한 미디어 회사는 기업의 한 종류이고, 출판인이나 편집장이 운영을 책임지고 편집국의 자문을 받는 형태가 일반적입니다.

대상에게 다가가는 데 도움이 되는 방법

대상 유형에는 어떤 사안에 대해 직접적인 의사 결정 권한은 없지만, 그 권한을 가진 사람들에게 영향력을 발휘할 수 있는 사람이 있습니다. 이런 사람들을 '2차 대상'이라고 합니다. 예를 들어, 여러분의 주 대상이 시장이라면, 지역사회의 정치적 쟁점들을 다루는 시 의회, 지역 언론의 기자, 일정 수의 지역구 유권자(모든 정치인은 공직을 차지하려면 표를 받아야 한다는 사실을 잊지 마세요.) 등을 2차 대상으로 설정할 수 있습니다. 2차 대상의 지지를 받으면 권력자들이 여러분의 이야기에 귀를 기울일 가능성이 커집니다.

거시적인 대상

여러분의 캠페인이 강간 문화 타파처럼 대단히 큰 사안을 다루는 경우는 어떨까요? 누가 강간 문화를 타파할 힘을 가지고 있을까요?, 음, 지구상의 사람 대부분, 맞지요? 이 경우에는 대상이 명확하지도 않고, 관리할 수도 없습니다. 따라서 더 깊이 파고 들어야 합니다. 실질적으로 강간 문화를 타파할 가장 큰 힘을 가진 사람은 누구일까요? 시스젠더[6] 남성들이 강간 문화를 지속시키는 것과 가장 연관성이 높기 때문에 그것을 멈추게 할 힘도 가장 많이 가지고 있다고 보아야 합니다.

하지만 범위를 더 좁혀야 하는 경우도 있습니다. 여러분 학교의 남학생들이나 가족 내 남성들, 남사친 몇 명은 어때요? 반드시 개인적으로 잘 아는 사람일 필요는 없습니다. 이 경우, 조사를 조금만 하면 됩니다. 예를 들어, 지역에 있는 회사의 형편없는 성추행 정책에 항의한 여성에 대한 기사를 읽었다면, 그 문제를 해결할 힘을 가진 사람은 아마도 그 회사의 최고 경영자일 것입니다. 짠! 대상 설정 완료!

> 때로는 거대한 집단을 상징하는
> 작은 대상을 정할 필요가 있습니다.
> 여러분의 노력을 집중할 과녁이 필요하기 때문입니다.

---

6. 생물학적 성과 성 정체성이 일치하는 사람.

앞에서 이야기한 불공평한 학교 복장 규정을 바꾸기 위한 캠페인의 예로 돌아가 볼까요? 이 경우에 의사 결정 권한을 가진 사람은 학교 운영 위원회와 학생회일 것입니다. 따라서 대상은 운영 위원회 위원들과 학생회 대표자들입니다. 작업 끝.

계획 플러스 알파, 우리 편을 찾아라

혼자서 모든 싸움을 할 수는 없습니다! 음, 불가능한 것은 아니지만…… 훨씬 어렵고 외로운 싸움이 되겠죠. 게다가 여러분에게 적극적으로 대항하는 사람이 있을 수도 있습니다. 그럴 때는 숫자에서 나오는 힘이 중요합니다. 따라서 최대한 많은 사람을 여러분 편에 두어야 합니다. 본격적으로 전쟁터로 나가기 전에 비전, 명확한 목표, 구체적인 대상을 정한 후 전반적인 형세를 파악하는 것이 중요합니다.

누가 우리 일을 도와줄까?

때로는 주변에 뜻을 같이하는 사람이 있는 것이 마음도 편하고 꼭 필요한 일입니다. 그들은 여러분을 응원하고, 논리를 점검해 주고, 필요한 자원을 제공하고, 비판적으로 사고할 수 있도록 도와줄니다. 여러분이 특정 사안을 위해 투쟁에 나서면, 그 사람들은 여러분의 동조자, 동맹군이 될 수 있습니다. 이 핵심적인 집단을 어떻게 구성할 수 있을까요? 그것을 정하려면 아래 있는 간단한 질문들에 답해 보세요.

- 이미 여러분과 뜻을 같이하는 사람은 누구인가?
- 이미 비슷한 일을 하고 있는 사람은 누구인가?
- 어떤 개인과 조직이 여러분의 캠페인을 지지하고 도와줄 수 있을까?

확실한 동조자뿐만 아니라 설득을 통해 잠재적 지지자가 될 사람들의 목록을 작성해 보세요. 인터넷으로 '여러분의 활동 사안'+'여러분이 사는 지역'을 검색해서 이미 해당 사안이나 비슷한 주제로 일하고 있는 영향력 있는 사람이나 기관을 찾아보세요.

옆 도시의 기자가 이미 다른 학교의 차별적인 복장 규정에 대해 취재했나요? 그 사람의 이름을 목록에 추가하세요. 교내 성차별에 대한 영상을 올린 유튜버가 있나요? 목록에 추가하세요.

지역을 넘어서 전국적, 세계적 범위까지 생각해 보세요. 지금은 창조적인 아이디어를 자유롭게 생각해 보는 브레인스토밍 단계라 어떤 제한도 없으니까요!

우리 일에 장애물이 되는 적은 누구일까?

물론 '적'은 심한 표현일 수 있습니다. 하지만 현실적으로 생각해 보자고요. 여러분이 열정적으로 하는 일을 누군가가 적극적으로 가로막으려고 애쓴다면 그 사람은 결코 친구가 될 수 없겠지요? '친구를 가까이하고 적을 더 가까이하라'는 말은 사회운동에서 꽤 유용한 조언입니다. 여러분이 어떤 문제에 맞서 싸우는지 정확히 알려면 누가 여러분에게 대항하는지 알아야 합니다. 다음 질문들을 던져 보세요.

• 누가 나의 입장에 공개적으로 적대적인 반응을 보일 것으로

예상하는가?
 • 누가 나의 사회운동에 맞서는 사회운동을 전개하고 있는가?

이제 인터넷에서 이 반대 집단 또는 사람들이 어떤 말을 하고 어떤 일을 하는지 조사해 보세요. 누가 그들을 이끌고 그들이 이루고자 하는 바가 무엇인지 찾아내세요. 어떤 전술을 사용하는지도 파악하세요. 그런 다음 확실한 반대자와 잠재적 반대자의 목록을 만드세요.

이 활동의 목적은 철천지원수 목록을 만들거나 적을 무너뜨릴 방법을 찾는 것이 아니라, 가장 효과적인 작전과 전술을 결정할 때 필요한 정보를 모으는 것입니다.

또한 여러분의 적 목록이 반드시 대상 목록이 되는 것도 아닙니다. 오히려 일반적으로 둘은 거의 겹치지 않습니다. 권력을 가진 사람이 현재 여러분 편이 아니라고 해서 설득할 수 없다는 뜻은 아니기 때문입니다. 따지고 보면 그런 설득이야말로 사회운동의 목적입니다. 적은 여러분과 비슷한 힘을 가진 사람이나 조직으로, 아마 여러분과 비슷한 대상을 가지고 있으면서 반대 입장을 취하는 자들일 것입니다. 그들은 제로섬 게임[7]에서 여러분의 상대입니다. 물론 이상적인 그림은 그들이 각성해서 여러분의 편으로 돌아서는

---

7. 한 명이 승리하기 위해서는 한 명이 패해야 하는 경기.—원주

것이겠지만, 우선은 중립적인 대상에 집중하도록 노력하세요.

**여러분의 동조자와 반대자를 아는 것은
계획을 세우는 데 굉장히 도움이 됩니다.**

여러분이 성 소수자를 차별하는 법을 철폐하자고 주장하는 집회를 기획한다고 가정해 봅시다. 지지자가 되어 집회를 공동 후원하거나, 발언하거나, 사람들을 데려오거나, 공동 조직을 꾸릴 집단—예를 들어 학교 내의 평등권 동아리—이나 개인이 있나요? 반대하는 사람이나 집단이 반대 집회를 열거나 다른 전술을 사용해 여러분을 방해하지는 않을까요? 그들은 더 많은 대중의 공감을 얻기 위해 어떤 방법을 시도할 것이며, 이에 대항해 어떻게 하면 여러분의 집회가 더 많은 관심을 끌고 대중의 공감을 끌어낼 수 있을까요? 상대와 똑같은 전술을 더 효과적으로 쓰는 방법도 있을 테고, 여러분만의 새로운 전략으로 대응하는 방법도 있을 것입니다.

권력 지도를 그려서 숨어 있는 우리 편 찾기

대상과 동조자, 반대자가 분명해졌으니, 할 일을 시각적으로 정리해 주는 '권력 지도'라는 것을 소개하겠습니다. 누가 여러분이 원

하는 것을 줄 권력이 있는지대상, 누가 여러분의 편에 서 있는지동조
자, 누가 여러분이 대상에 접근하도록 도와줄 수 있는지2차 대상, 그
리고 누가 여러분에 맞서는지반대자를 이해하는 것은 캠페인에 가
장 적합한 전술을 결정하는 데 길잡이가 될 것입니다. 그리고 이때
권력 지도가 큰 도움이 됩니다.

　다음의 표를 보세요. 그리고 여러분 목록에 있는 사람들과 단체
들을 떠올리세요. 구조적 권력의 유무나 정도, 여러분과 뜻을 함께
하는지에 대한 여부를 기준으로 빈칸에 사람이나 단체 이름을 쓰
세요. 엄밀한 과학적 분류가 아니니까 가장 가깝다고 생각하는 칸
에 쓰면 됩니다.

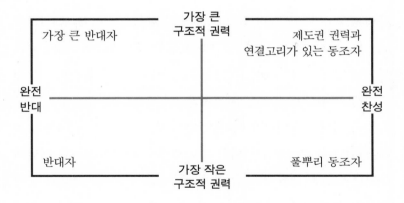

　칸을 모두 채웠나요? 권력 지도에서 맨 위에 있는 사람들이 여

러분의 대상또는 2차 대상이 됩니다. 그들이 가장 큰 권력을 가지고 있기 때문입니다. 오른쪽 열에 있는 사람들은 여러분의 동조자가 되고, 그중에 상단에 있는 사람들은 제도권 권력과 연결고리가 있는 힘 있는 동조자입니다. 제도권 권력과 연결고리가 있는 동조자들은 현재 제도적인 권력과 영향력을 가지고 있는 사람들을 여러분의 일에 끌어들일 수 있습니다. 이해되지요? 오른쪽 하단은 여러분의 잠재적인 풀뿌리 동조자로서, 조직만 되면 여러분의 사안에 큰 목소리를 낼 힘을 가지고 있습니다. 왼쪽에 사람들은 반대자들이고, 왼쪽 상단에 있는 사람들은 가장 강력한 적입니다.

헷갈리나요? 그렇다면 사회운동이 아니라 조금 더 쉬운 예로 말해 보겠습니다. 여러분이 인근 도시에서 열리는 콘서트에 가고 싶은데 부모님이 허락할지 말지 고민 중인 상황을 생각해 보세요. 이때, 대상은 여러분의 바람을 들어 줄 힘을 가진 부모님입니다. 하지만 부모님이 완전히 찬성하는 상황은 아니기 때문에 부모님은 권력 지도의 위쪽 중간 즈음에 위치합니다.

만약 여러분의 언니가 여러분 편이라면 이 사안에 있어서 동조자가 됩니다. 부모님이 언니의 의견을 중시한다면 오른쪽 상단에 언니의 이름을 쓰면 됩니다. 이 문제에 대한 또 다른 동조자는 여러분의 가장 친한 친구이지만, 친구는 부모님의 결정에 큰 영향을 미치지 않기 때문에 오른쪽 하단에 이름을 씁니다. 만약 오빠가 콘서트에 가는 것을 반대한다면 왼쪽 하단에 이름을 쓰면 됩니다.

여러분의 대상과 동조자에 대한 지도를 갖게 되면 앞으로의 행동 계획을 생각해 볼 수 있습니다. 언니영향력이 있는 사람한테 부모님대상을 향해 여러분을 위해 캠페인을 할 것을 부탁할 수도 있고, 콘서트에 함께 가 달라고 제안할 수 있습니다. 이런 식으로 권력 지도를 사용할 수 있습니다!

> 우리가 혼자서 해낼 수 있는 일은 거의 없지만,
> 함께 해낼 수 있는 일은 아주 많습니다.
> – 헬렌 켈러, 미국 작가이자 사회운동가

캠페인에 도움이 되는 건 모두가 자원!

무엇을 하고 싶은지목표와 누가 그것을 이루어 줄 수 있는지대상를 알았으니, 이제 다른 것들을 살펴볼 준비가 되었습니다. 다음 질문을 던져 보세요.

- 캠페인 목표를 달성하기 위해 어떤 자원이 필요한가?
- 나는 지금 어떤 자원을 가지고 있는가?

자원이라고 하면 사무용품, 컴퓨터, 휴대전화 어플리케이션처럼 물리적인 실체가 있는 것이 우선 떠오를 거예요. 하지만 자원봉사를 할 친구, 어른이 필요한 일에 도움을 줄 선생님이나 조언가, 여러분을 지지해 줄 가족도 자원에 포함합니다. 게시물을 올릴 인기 있는 소셜미디어 계정, 사용에 제약이 없는 모임 장소, 돈 또한 자원입니다. 자원이 될 만한 것을 모두 적어 보세요.

지금 단계에서는 목표를 달성할 정확한 방법을 아직 모를 수도 있습니다. 그래도 괜찮습니다! 다음 장에서 전술에 대해 자세히 다룰 것을 약속합니다. 구체적인 전술을 선택하기 전에 현재 가지고 있는 자원들을 목록으로 정리하면 일이 훨씬 쉬워집니다.

예를 들어, 교회에 사람들이 모일 공간을 빌릴 수 있다는 사실을 알고 있다면 모금 운동을 계획할 수 있습니다. 공짜 장소가 있는 셈이니까요! 혹은 학교에서 무료로 그래픽 디자인 소프트웨어를 이용할 수 있다면 전단지와 포스터, 팻말을 쉽게 만들 수 있습니다.

또한 목록을 작성하면 앞으로 필요한 자원이 무엇인지도 알 수 있습니다. 예를 들어, 여성 노숙자 쉼터를 위해 동네에서 모금 행사를 열고 싶은데 계획, 간식이나 물품을 살 돈 자원이 없다고 가정해 봅시다. 그러면 지역 사업체로부터 기부받거나 부모님이나 친구들에게 장소 및 물품을 제공해 달라고 부탁하는 일을 단기 또는 중기 목표에 추가할 수 있습니다.

전술에 대해 고민하기 전에 이런저런 계획부터 잔뜩 세워야 한다는 것이 따분한 숙제처럼 느껴질 수 있습니다. 나도 이해합니다. 폼이 나지도 않고, 신나지도 않고, 때로는 힘들게 목록을 작성해야 하니까요. 하지만 이제 전보다 훨씬 많은 정보를 갖게 되었으니, 구체적으로 무엇을 할 것인지에 대해 생각할 준비가 되었습니다. 무작정 거리로 뛰쳐나가 사람들한테 여기 좀 봐 달라고 소리를 지르는 것 이상을 할 수 있는 수준이 된 것입니다. 이제 다음 질문을 생각해 보세요.

- 어떻게 하면 대상에 최대한 영향을 미칠 풀뿌리 힘을 키울 수 있을까?
- 행사를 계획하고 개최하려면 몇 명의 사람이 필요한가? 행사를 몇 번 개최할 것인가? 그리고 언제?
- 누구에게 그리고 몇 번이나 강연할 계획인가?
- 대상에게 영향을 미치기 위해서는 청원서에 몇 사람의 서명을 받아야 할까?
- 내 이야기를 언론이 몇 번이나 취재하게 할 수 있을까?

• 소셜미디어에 언제, 어떤 방식으로 공유할 게시물을 올려야
  할까?

구체적인 전술에는 무수히 많은 것을 포함할 수 있습니다. 또는
청원 운동, 편지 쓰기 캠페인, 정치인과의 만남, 개별 가정 및 기관
방문, 소셜미디어, 거리 공연 등 구체적인 몇 가지 방법만 사용할
수도 있습니다. 이 책에서는 방금 언급한 전술들을 비롯해 다양한
전술을 다룰 것입니다.

어떻게 계획을 세울지 알았으니, 다음 장에서는 소녀 저항운동
의 수준을 한 단계 끌어올릴 전략과 전술에 대해 알아봅시다!

☆ 한번 더 생각해 봅시다   ☆ ☆ ☆ ☆ ☆

1. 계획을 세울 때 비전과 목표를 명확히 하세요.

실질적이고 지속적인 변화를 끌어내기 위해서는 깊이 생각하고 전략을 세워야 합니다. 단순히 항의의 뜻으로 소리 지르는 것으로 그치지 말고 장기전에 대비하세요. 여러분의 활동에 가속도를 붙이고 긍정적인 기운을 북돋아 줄 수 있는, 달성 가능한 작은 목표들을 자유롭게 적어 보세요.

2. 캠페인의 대상과 동조자, 적이 누구인지 이해하세요.

누가 변화를 만들 수 있는지, 누가 그 변화를 위해 투쟁하는지, 그리고 누가 그 변화(그리고 여러분)에 대항하는지 알아야 합니다. 각각에 대해 조사하세요. 더 구체적이고, 달성 가능성이 더 큰 계획을 세우는 데 도움이 될 거예요.

3. 여러분이 가지고 있는 자원에 대해 철저하게 따져 보세요.

여러분의 목표를 달성하기 위해 필요한 자원들을 적어 보세요. 아직 아무 자원도 가지고 있지 않다면, 그것들을 얻을 방법을 궁리하세요. 이미 가지고 있거나 쉽게 구할 수 있는 자원이 필요한 전술(다음 장에 나옵니다!)을 선택하는 것이 좋습니다.

☆ ☆ ☆ ☆ ☆ ☆ ☆ ☆ ☆ ☆ ☆ ☆ ☆ ☆

3

목적에 따라

효과적인 전술도 달라요

'행동하세요!'는 운동가들이 입버릇처럼 하는 말입니다. 사회운동가라고 하면, 아마도 여러분은 행동하는 모습부터 떠올릴 거예요. 틀린 생각은 아닙니다. 하지만 '행동'에는 리트윗, 기부, 거리 행진, 모임 참석, 행진이나 모임 주최하기 등 수없이 많은 것이 포함될 수 있습니다. 그렇다면 변화를 만들기 위해 구체적으로 어떤 행동을 해야 하는지 알아볼까요?

- 뭐라도 한번 해 보자고요! 〉

"나는 우리의 이야기를 우선 우리 자신에게,
그다음에는 서로에게, 그다음에는 세상을 향해
말하는 것이 혁명적인 행동이라고 믿습니다.
이런 행동 때문에
적대감과 소외, 폭력에 직면하게 될 수도 있습니다.
하지만 이런 행동 덕분에 서로를 사랑하고 이해하며,
경계를 허물어 하나의 공동체를 이룰 수도 있습니다."

– 재닛 목, 흑인 트랜스젠더 작가이자 사회운동가,
《진실을 재정의하기Redefining Realness》에서

내가 어렸을 때 일입니다. 우리 부모님은 교사노동조합의 조합원이었습니다. 부모님은 모금 운동을 계획하고, 자동차에 시위 팻말을 싣고 다니고, 식탁에 앉아 노조에서 하는 일들에 대해 토론했습니다. 나는 그런 부모님의 행동을 보면서 내 자신과 타인의 권리를 지키기 위해서는 투쟁해야 한다는 것을 배웠습니다.

나는 대학생 때 처음으로 사회운동이라는 것을 해 보았습니다. 여성에 대한 성폭력과 가정폭력에 항의하는 '밤을 되찾자Take Back the Night'라는 행진에 참여했지요. 우리는 안전하게 길을 다닐 권리를 되찾겠다는 의미를 상징적으로 표현하기 위해 캠퍼스를 행진하면서 이렇게 외쳤습니다. "'예'는 '예'를 의미한다. '아니요'는 '아니요'를 의미한다. 내가 무엇을 입든, 어디를 가든 상관없이." 그 일을 계기로 나는 여성으로서, 운동가로서, 성폭력 희생자로서, 인간으로서 근본적인 변화를 겪었습니다. 여러분이 어떤 전술을 택하든 직접 행동에 나설 때의 느낌은 결코 잊지 못할 것입니다. 공동체와 연대와 자매애와 저항이 어떤 것인지를 뼛속 깊이, 몸 구석구석, 혀 끝으로 느끼게 될 테니까요.

이 장에서는 사회운동가들이 사용하는 여러 가지 전술과 각 전술을 구사하는 최고의 방법, 그리고 전술들을 여러분 캠페인에 적용하는 방법을 배울 것입니다. 아마 여러분 운동에서는 두 개 이상의 전술을 사용할 것입니다. 이 책에서 모두 다룰 수 없을 정도로 많은 전술이 존재하지만, 모든 전술의 바탕에 있는 기본 전략은 비슷합니다.

캠페인 목적에 맞는 전술 선택하기

구체적인 전술 유형을 살펴보기 전에, 조금 더 전략적으로 생각해 봅시다. 먼저, 캠페인 계획을 보면서 다음 사항들을 다시 떠올려 보세요.

- 나의 목표는 무엇인가?
- 나의 대상은 누구이며, 그들에게 다가갈 가장 좋은 방법은 무

엇인가?
- 어떤 전략이어야 목표를 달성하고 대상을 설득할 수 있을까?
- 내가 가지고 있는 자원은 무엇이며, 그 자원으로 어떤 전략을 세울 수 있을까?

구체적인 전술들은 기본 전략에 부합할수록 이상적입니다. 다음에 몇 가지 전략을 소개합니다. 여러분은 이 중 한두 개에만 집중할 수도 있고, 여러 개를 사용할 수도 있습니다.

- **결성과 모집** 여러분의 사안에 사람들이 관심을 가지도록 만들기
- **동원** 동조자들이 행동에 나서도록 하기
- **대중적 지지 과시** 여러분이 제기하는 문제에 많은 사람이 관심이 있음을 분명하게 알리기
- **세력 과시** 제도적 권력과 연결고리가 있는 사람들과 많은 수의 대중 중 하나를 통해 여러분의 힘 보여 주기
- **대중 교육** 여러분이 제기하는 문제가 왜 중요한지를 알려, 사람들이 여러분 편에 서거나 행동에 나서도록 만들기
- **특정 대상에게 압력 행사** 특정인 또는 특정 집단을 향해 요구 사항을 분명히 밝히기

- 미디어의 관심 끌기 여러분의 사안에 대한 언론 보도를 통해 더 많은 사람에게 접근하기

솔직히 이런 식으로 사전 계획을 세우는 일은 그다지 재미있지 않은 데다, 분노가 치미는 상태에서는 전략적인 사고를 하기가 어려울 수도 있습니다. 나는 나이를 불문하고 새롭게 시작하는 사회운동가들이 전략에 대해 생각하기도 전에 전술을 택하는 모습을 자주 목격합니다. '왜'에 대해 생각하지도 않은 채 '무엇흔히 가장 익숙한 전술인 시위를 떠올립니다'으로 바로 접근해 버리는 것이지요.

이런 방식이 늘 나쁜 것만은 아닙니다. 터무니없는 일에 직접적이고 즉각적 반응으로 발생하는 시위 같은 경우에는 특히 그렇습니다. 역사를 되돌아보면, 소외당한 사람들의 분노로 자연스럽게 일어난 시위가 전국적인 담론을 촉발하고 장기적인 변화를 가져온 경우도 많습니다.

하지만 시위를 성공적으로 벌였다고 해서 사회운동가의 목표나 전략이 더 이상 필요 없는 것은 아닙니다. 목표, 그리고 그 목표를 달성할 전략 없이 즉흥적으로 시위를 주최하면 일회성 행사로 끝날 가능성이 큽니다. 사회운동가가 된 기분을 충분히 느낄 수는 있지만, 변화를 일으키지는 못합니다. 그러니 혹시 아직 2장을 읽지 않았다면 지금 당장 읽으세요.

시위 자체는 즉각적인 변화를 불러오는 데 별로 효과적이지 않습니다. 2011년에 하버드 대학과 스톡홀름 대학에서 공동으로 진행한 연구에 따르면, 변화를 만들어 내는 것은 시위가 아니라 그 후에 일어나는 행동이라고 합니다. 시위에 참여한 경험이 있는 사람들은 이후에도 행동에 나서고, 정치적 과정에 참여하고, 변화를 위한 캠페인에 기여할 가능성이 큽니다. 지속성이 있는 캠페인은 시위에 참여한 사람들의 에너지를 생산적 방향으로 돌리는 통로와 같습니다. 이런 캠페인이 없다면 여러분은 결국 막다른 길에 다다르게 될 것입니다.

항상 '왜'라는 질문으로 시작하고,
그 이유에 따라 전술을 선택해야 합니다.

내가 대학생 때 참여한 '밤을 되찾자' 시위는 나를 영원히 바꾸어 놓았습니다. 그 시위 이후로 교내 강간과 강간 문화가 없어졌냐고요? 아닙니다. 강간범들이 우리의 구호를 듣고 강간을 멈추었을까요? 안타깝게도 그렇지 않았습니다. 사람들이 성적 동의가 무엇인지 배우고 동의받는 방법에 대해 깨달았을까요? 이 또한 아닙니다. 학교가 교내 성폭력 대책 정책을 개선했을까요? 그럴 리가요. 행진은 단지 상징적인 일일 뿐이었습니다. 하지만 그 행진이 끼친 가장 큰 영향은 앞에 나서서 성폭력에 대해 소리 내어 말할 수 있도록 사람들에게 힘을 주었다는 점입니다.

나의 대학생 시절의 경험이 사회운동을 하려는 우리 같은 사람에게 어떤 의미가 있을까요? 항상 '왜'라는 질문으로 시작하고, 그 이유에 따라 전술을 선택하라는 것입니다. 시위가 훌륭한 전술이라는 것은 두말하면 잔소리지만 유일한 전술이어서는 안 됩니다. 어떻게 하면 사람들이 행사 중뿐 아니라 후에도 행동에 나설 수 있도록 할 수 있는지, 그리고 의미 있는 변화를 일으키기 위해 시위와 함께 사용하는 전술에는 어떤 것들이 있는지 생각해야 합니다.

이제 여러 사회운동 전술에 대해 좀 더 깊이 알아보려고 합니다. 다양한 형태, 난이도, 효과적인 경우, 소요 시간, 필요한 인원 및 자원, 전술을 효과적으로 사용하는 요령 등에 대해 하나하나 살펴보겠습니다.

거리로 나가요! _ 시위와 집회

시위는 많은 사람이 공공연하게 의사를 표시하고 집회나 행진을 하며 위력을 나타내는 일입니다. 행동에 나선다고 하면 사람들은 흔히 다음과 같은 것들을 떠올립니다. 거리 행진, 정부 기관 건물 앞 집회, 확성기를 들고 외치는 구호, 저항의 뜻으로 드는 팻말, 현수막, 주먹 쥐기. 시위는 행진이나 집회 말고도 여러 형태가 있을 수 있고, 얼마나 많은 사람이 모였는지와 상관없이 성공적으로 진행할 수 있습니다.

효과적인 경우

- 여러분과 함께할 사람을 모으고 동원할 때
- 특정 인물·사안·법안·활동에 대한 지지나 반대를 공개적으로 보여 주고 싶을 때
- 여러분의 커뮤니티에 함께 모여 치유받는 공간을 제공하려고 할 때
- 여러분이 제기하는 문제에 미디어의 관심을 끌고 싶을 때
- 더 큰 캠페인예를 들어, 전국 행동의 날과의 연대를 공개적으로 밝히고자 할 때
- 작고 구체적인 사안일 경우에 현재의 진행 상황을 제지하거나 방해할 목적이 있을 때

난이도 ●●●●●●○○○○

1에서 10까지의 척도에서 10이 가장 어려운 것이라면, 시위를 주최하는 것은 난이도가 6입니다. 누구나 할 수 있는 일이지만, 실제로는 상당한 조정력과 노력, 시간, 계획이 필요하고, 시위의 규모가 커질수록 난이도도 올라갑니다.

전술 유형

• **집회** 특정한 입장을 표명하기 위해 많은 사람이 모이는 시위 방식입니다. 대개 연설을 하고 팻말이 등장합니다.

• **행진** 많은 사람이 모여 인도나 차도에서 함께 걸어가는 시위 방식입니다. 보통 상징적인 장소나 유동 인구가 많은 곳에서 합니다.

• **버마 셰이브**[8](**팻말 이어 들기**) 사람들이 많이 지나다니는 도로의 가장자리에 한 문장을 여러 단어로 쪼갠 팻말들을 들고 서 있는 방식입니다. 주변을 걷거나 운전해서 지나치는 사람들은 팻말을 차례로 보면서 완성된 메시지를 읽게 됩니다.

• **게릴라 시위** 어떤 일의 진행을 방해하거나 운동 메시지를 알리기 위해 사용하는 비전통적인 방법을 통칭합니다. 아래에 두 가지 예를 소개합니다.

　– **거리 공연** 한 사람 또는 여러 사람이 공공장소에서 극적인 장면을 연출하거나 악기를 연주함으로써 주장을 알립니다.

　– **플래시 몹** 여러 사람이 지정된 시간, 공공장소에 모여 짧은 안무나 노래, 행위를 선보이고 빠르게 흩어집니다.

• **현수막 걸기** 눈에 잘 띄거나 상징적인 장소에 여러분의 메시지를 적은 현수막을 거는 것입니다.

• **시민 불복종** 법이나 정부 지시, 권력자나 권력 기관의 명령에 적극적이고도 의도적으로 따르지 않는 것입니다. 예를 들면 아래와

---

8. '버마 셰이브'라는 특이한 이름은 예전에 고속도로 표지판에 순서대로 이어지는 문구로 광고를 해서 유명해진 미국의 면도용 크림 기업의 이름에서 유래했습니다.

같습니다.

- **연좌 농성** 시위 참가자들이 요구가 받아들여질 때까지 상징적인 장소나 사람들의 불편을 초래하는 장소에 앉아 있습니다.

- **봉쇄** 특정 건물·장소·길 앞에서 서거나 앉아 사람들의 접근을 막습니다. 참가자들은 팔짱을 끼거나 출입문이나 구조물에 쇠사슬로 몸을 묶기도 합니다.

- **퇴장** 참가자들이 항의의 뜻을 표시하기 위해 학교나 작업장에서 말 그대로 퇴장합니다.

• **빈칸 채우기** 시위 방법은 아주 다양합니다. 무한한 가능성이 있으니 여러분 스스로 독창적인 방법을 생각해 보세요!

필요한 인원

그때그때 다릅니다. 집회나 행진의 경우에는 사람이 많을수록 좋습니다! 하지만 소규모 집단 또는 개인도 게릴라 시위나 거리 공연을 할 수 있습니다. 또한 사람 수가 적어도 충분히 시각적인 효과를 내는 방식으로 시위를 진행할 수 있습니다. 예를 들어, 사람이 네 명뿐이라면 번화한 거리에서 팻말 이어 들기를 하는 것이 집회를 여는 것보다 효과적입니다. 반면에 100명이 모일 수 있다면 집회나 행진, 플래시 몹 같은 방식이 더 적절합니다.

역할 분담

어떤 행동을 계획하고 집행할 때 함께 일할 사람이 있는 것이 이상적입니다. 소규모 시위의 경우에는 조직된 팀이 별도로 필요하지 않을 수도 있지만, 대규모 집회를 구상하고 있다면 다음과 같이 구체적으로 역할을 나누는 것을 고려해 보세요.

- **의사 결정자/주도자** 큰 결정을 하고 시위를 주최하는 지도자 역할을 맡습니다.
- **질서 유지인** 시위 참가자들이 안전하게 활동할 수 있도록 질서를 유지하는 역할을 합니다. 대개 완장이나 특정 색깔의 옷 등 눈에 잘 띄는 물건을 착용합니다.
- **경찰 담당자** 시위 조직자들과 공권력 사이에서 소통 창구 역할을 하고, 시위를 벌이는 중에는 경찰과 직접 의사소통을 합니다.
- **사회자와 연설자** 여건이 허락하는 경우, 시위 도중 발언합니다.
- **대변인** 시위 주최자나 주최 단체를 대표해 언론을 상대합니다.
- **접근성 확인자** 시위 장소나 시위 방식이 모든 사람이 참여할 수 있는지 확인하는 일을 맡습니다.
- **의료진** 행사 장소에 응급처치 장비를 갖추고 대기합니다.
- **현장 팀** 시위에 대한 홍보를 맡습니다.
- **영상 촬영자** 시위 과정을 영상으로 담습니다.

필요한 자원

• **팻말과 현수막** 대부분의 시위에서는 팻말, 현수막, 티셔츠, 의상, 소품 같은 시각적 효과를 가진 물품이 필요합니다.

• **확성기 또는 마이크** 대규모 시위를 예상하거나 시위 중 누군가 발언할 예정이라면 소리를 키울 장비가 필요할 수도 있습니다. 비영리로 운영되는 사회운동 단체에서 마이크와 확성기를 빌리거나 인터넷으로 구매하세요. 너무 큰 소리를 내면 시위를 제한하거나 금지하는 법적 조치가 취해질 수 있으니 유의해야 합니다. 아래에 소개한 '인간 마이크'를 쓰는 것도 한 가지 방법입니다.

인간 마이크

인간 마이크는 장비를 사용하지 않고도 대규모 시위에서 소리를 증폭하는 방법입니다. 1990년대 후반, 핵무기 반대 시위에서 공식적으로 처음 사용된 인간 마이크는 2011년에 있었던 '월 가를 점령하라' 시위에서 음향 증폭 장비 사용이 금지되자 다시 인기를 끌었습니다.
방법: 누군가 발언하고 싶으면, '마이크!'라고 크게 외칩니다. 주위 사람들은 한 목소리로 '마이크!'라고 반복해서 말합니다. 발언자는 몇 단어씩 나누어서 말하고, 사람들은 멀리 있는 사람들에게도 그 말이 전달되도록 큰 소리로 따라 외칩니다.

• **장소** 예를 들어, 지방의회 의원을 상대로 시위한다면 지방의회 건물 앞에서 시위하는 것이 당연할 것입니다. 하지만 분명한 장

소가 없는 경우에는 공원이나 번화가처럼 눈에 잘 띄는 장소를 고르세요. 시위와 관련된 법규를 공부하세요. 시위 허가를 받으려면 비용을 지불해야 하는 경우도 있는데, 만약 그렇게 할 돈이 없다면 비용 면제 요청을 해 보세요. 어떤 정부도 비용을 지불할 능력이 없다는 이유만으로 시위를 허가하지 않을 수는 없습니다.

•**소셜미디어** 시위를 알릴 가장 쉽고 빠른 방법입니다. 페이스북에 이벤트 페이지를 만들거나 트위터 모멘트를 만들고, 해시태그를 달아 공유하여 여러분의 단합된 힘을 보여 주세요. 이렇게 하면 나중에 그 게시물을 찾기도 쉽습니다.

계획을 세우는 데 걸리는 시간

어떤 사건에 대한 즉각적인 반응으로 일어나는 시위는 단 몇 시간 만에 일어나기도 합니다. 특히나 경험 많은 사람이 시위를 이끈다면 시위는 더욱더 빠르게 진행될 수 있습니다. 예를 들어, 2017년에 도널드 트럼프 미국 대통령이 일곱 개의 무슬림 국가로부터 미국에 입국하려는 사람들을 금지하는 행정명령 13769호, 소위 '무슬림금지법'에 서명했을 때에는 단 몇 시간 만에 사람들이 주요 공항에 집결했습니다.

시위가 사전에 계획되는 경우에는 계획 수립과 홍보에 며칠이나 몇 주 또는 그보다 많은 시간이 걸릴 수도 있습니다. 시위 규모가 크고 많은 사람이 시위에 참가하기 위해 이동하는 경우라면 더욱 더 그렇습니다. 여러 장소에 흩어진 사람이나 조직이 연합해서 주요 도시에서 동시에 벌이는 대규모 집회는 계획을 세우는 데만 몇 달이 걸리기도 합니다.

성공적인 시위를 위한 다섯 가지 조언

① **상징적으로 생각하라.** 시위는 상징성을 띠어야 합니다. 여러분의 캠페인과 연결되는 상징적인 장소나 날짜가 있나요? 예를 들어, 도널드 트럼프 미국 대통령의 여성 비하 발언에 항의하기 위해 일어난 '2017년 여성 행진'을 가득 메운 분홍색 고양이 모자를 떠올려 보세요.[9] 또 다른 예로, 2014년에 미시건주 퍼거슨에서 경찰에게 살해된 18세 소년 마이크 브라운의 죽음에 항의하기 위한 '흑인의 생명도 소중하다' 시위 때 등장한 '손 들어, 쏘지 마' 구호와 팻말을 생각해 보세요.

② **항상 소외된 목소리를 중심에 두라.** 여러분이 집회를 여는 이유가 여러분이나 여러분의 커뮤니티에 직접적으로 영향을 미치는 사안 때문인가요 아니면 여러분과 직접 관련은 없지만 영향을 받는

---

9. 영어 pussy의 사전적 의미는 새끼 고양이지만, 여성과 여성의 성기를 뜻하는 비속어로도 쓰입니다. 트럼프가 2017년에 대통령으로 당선되자, 그가 2005년에 "당신이 스타라면 여성의 성기(Pussy)를 움켜쥘 수 있다."라고 한 말을 겨냥해 많은 여성이 분홍색 고양이 모자를 쓰고 모였습니다.

사람들을 지지하는 동조자의 입장인가요? 만약 여러분이 동조자의 위치라면, 직접 영향을 받는 소외된 사람들을 반드시 참가시키세요. 그 사람들보다 더 큰 목소리를 내지 말고 그들과 함께 시위를 주최하고, 그들이 원하는 것에 맞추어 전술을 짜야 합니다. 또한 그 사람들이 안전하게 시위에 참여할 수 있도록 보장해야 합니다. 예를 들어, 이민자의 권리를 위한 시위를 할 계획이라면 페이스북 같은 공개적인 공간에서 참여 여부를 묻지 마세요.

③ **법을 공부하라.** 길거리나 공원 같은 공공장소에서 시위를 벌일 예정이라면 허가받을 필요가 없습니다. 하지만 허가를 받으면 여러분의 시위가 합법적이라는 사실을 확인할 수 있고, 반대 시위_{여러분의 시위에 항의하는 시위. 그런 일도 실제로 벌어집니다!}가 열리는 일이 없도록 보장받을 수 있습니다. 또한 허가받은 시위에서는 참여자를 불법적으로 체포할 가능성이 적습니다. 유색인종과 트랜스젠더, 젠더 비순응적 사람들, 이민자처럼 경찰의 경계 대상이 될 가능성이 큰 사람들이 많이 참여하는 시위라면 이 문제는 더욱 중요합니다. 100% 합법적으로 시위를 진행하기 위해서라도 허가를 받아야 합니다. '거리'는 전통적으로 자유롭게 발언할 수 있는 장소지만, 안전상의 이유_{예를 들어 대부분의 장소에서는 교통 흐름을 막는 것이 불법입니다}로 제한받을 수도 있기 때문입니다.[10]

④ **소셜미디어에서 목소리를 키워라.** 시위와 소셜미디어는 사람들

의 눈에 잘 띈다는 면에서 공통점이 있습니다. 따라서 둘을 모두 이용해 여러분의 시위를 최대한 요란하고 효과적으로 만들어 보세요. 미리 시위를 알리는 일도 중요하지만, 시위 사이사이에 실시간으로 게시물을 올려 여러분의 주장에 힘을 싣는 것도 좋은 방법입니다. 시위가 끝나면 사진과 동영상을 게시해 보세요. 유명해질 수도 있어요!

⑤ **나의 권리를 잘 파악하라.** 아마도 이것이 여러분에게 가장 중요한 조언일 것 같습니다. 시위의 자유는 기본권이지만, 그렇다고 제한을 전혀 받지 않는 것은 아닙니다. 따라서 시위를 계획하거나 참가하기에 앞서 어떤 일이 합법이고 어떤 일이 불법인지 알아야 합니다. 혼자 공부도 하고 지역의 노련한 운동가들에게 도움말도 부탁해 보세요. 특히 저항의 표시로 평화적으로 법을 어길 생각이라면107쪽 '시민 불복종' 부분을 보세요. 경찰과 대치하는 상황이 발생할 경우를 대비해 여러분의 권리를 알고 있어야 합니다. 혹시나 경찰에게 체포되면 어떻게 할지 계획을 세워 두세요. 그리고 반드시 그 계획을 부모님이나 보호자처럼 믿을 수 있는 어른에게 알리세요.

---

10. 우리나라의 경우, 모든 국민은 집회 및 시위의 자유가 있지만 국가안전보장·질서 유지·공공복리에 반한다고 판단되는 경우에는 제한을 받기도 하며, 공공장소에서 집회나 시위를 하려면 해당 장소의 관할 경찰서에 시간과 장소를 지정해 사전에 신고하고 허가를 받아야 합니다.

여럿의 목소리를 엽서, 편지, SNS로 전해요! - 청원

시위와 마찬가지로 청원은 풀뿌리 조직들이 가장 기본적으로 사용하는 전술이고, 문자와 탄생 시기가 비슷하다고 할 정도로 오래전부터그러니까 아득한 옛날부터 존재했던 방법입니다. 가장 기본적인 형태는 어떤 신념에 대한 지지를 표명하는 문서에 여러 사람에게서 서명을 받은 다음 적절한 대상에게 전달해서 풀뿌리 조직의 힘을 보여 주는 것입니다.

청원에 서명하는 것이 의미가 없다는 말을 들었을지도 모르지만, 그것은 완전히 틀린 생각입니다. 청원은 실제로 큰 힘을 발휘할 수 있습니다. 서명 하나는 큰 의미가 없을 수도 있지만엄청난 영향력을 가진 사람의 서명이 아니라면요. 여러 개가 모이면 영향력이 생깁니다. 서명은 글이라는 도구를 사용한 대규모 시위와 같습니다. 몇백, 몇천 명의 사람이 한 문제에 대한 특정한 입장을 지지하는 것이니까요.

난이도 ●●○○○○○○○○○○

비용이 적게 들고 효율적이며, 기본적인 글쓰기를 할 수 있는 사람이라면 누구나 쉽게 할 수 있습니다.

전술 유형

- **전통적인 문서 청원** 여러분의 청원을 받아 볼 사람대상에게 요구 사항이 무엇인지 명확하게 전달할 청원서를 준비합니다. 흔히 다음과 같은 편지 형식입니다.

'[청원 대상] 님께, 저희는 [중요한 이유] 때문에 [이 법안]에 찬성표를 던져 주실 것을 청원합니다.'

요구 내용을 모두 적었다면, 그 아래에 사람들이 서명할 수 있도록 빈칸을 여러 개 준비하세요.

• **후보 추천서** 선거에 출마할 사람을 공식 후보로 등록하기 위해 일정한 수의 유권자들이 서명한 문서입니다. 공직에 따라 등록에 필요한 서명자의 수가 다릅니다. 여러 이유로 서명한 사람이 지역구 주민이 아니거나 등록된 유권자가 아닌 경우 무효로 처리되는 서명이 일부 있을 것을 감안해서 최소한으로 필요한 수의 20~50% 이상 넉넉하게 서명을 받는 것을 목표로 삼는 것이 좋습니다.

• **엽서 쓰기 캠페인** 여행지에서 보내는 그런 엽서 말고요! 이 전술은 여러분이 희망하는 특정한 변화를 주장하는 메시지를 담은 엽서를 대량으로 제작해서 발송하는 방법입니다. 엽서에는 청원 대상의 주소와 함께 요구 사항을 인쇄하고, 사람들에게 서명을 한 다음 발송하라고 부탁하면 됩니다. 이 전술은 눈에 보이는 규모 때문에 효과적입니다. 전통적인 청원에서는 100명이 서명을 해도 종이 몇 장에 불과하지만, 100장의 엽서 더미는 느낌이 완전히 다릅

니다. 그래요, 솔직히 말하면 귀찮게 만드는 겁니다. 관심을 끌기 위해 공격적이지 않은 방식으로 사람을 불편하게 만드는 것은 생각보다 효과가 큽니다.

• **편지 쓰기 캠페인** 청원 대상에게 여러분의 주장과 요구를 담은 편지를 대량으로 보내는 방법입니다. 엽서 청원과 비슷하지만 품이 조금 더 듭니다. 같은 내용의 편지를 대량으로 프린트하면 서명을 더 많이 받을 수 있겠지만, 여러분의 편지를 받은 사람은 진심을 담아 직접 손으로 쓴 편지를 읽어 줄 가능성이 더 큽니다. 편지를 쓸 사람들에게 강조해야 할 강력한 메시지나 감동을 자아낼 수 있는 메시지를 알려 주세요. 문제를 잘 이해할 수 있도록 관련 배경 지식도 제공하고요. 엽서와 마찬가지로 편지도 엄청난 시각적 효과를 발휘합니다.

• **이메일과 온라인 청원** 온라인으로 서명하는 것도 가능하고, 사람들이 각각 청원 대상에게 따로 주장하는 바를 적어 이메일을 보낼 수 있도록 기본 틀을 제공하는 사이트를 활용할 수도 있습니다. 구글 폼을 이용해 간단하게 청원 페이지를 개설할 수 있습니다.[11]

• **소셜미디어 청원** '폭풍 트위터'나 '트위터 집회'라고 불리는 방법입니다. 소셜미디어를 이용해 한 사안에 집중하고 대상을 태

---

11. 우리나라의 경우, 국민동의청원(petitions.assembly.go.kr) 사이트나 대한민국 청와대 국민청원 및 제안 사이트(www1.president.go.kr/petitions/about)를 활용할 수 있습니다.

그하는 것은 청원의 힘을 과시할 또 하나의 좋은 방법입니다. 썬더크랩 같은 어플리케이션을 이용하면 아주 많은 사람이 같은 날, 같은 시간대에 트윗을 전송함으로써 효과를 극대화할 수 있습니다.

필요한 인원

이메일이나 온라인 청원은 혼자서도 충분히 할 수 있습니다. 서명이 필요한 청원서나 엽서를 가지고 집집마다 방문하는 형식이라면 작은 팀이 있으면 좋습니다. 서명을 최대한 많이 받는 것이 목표기 때문에 동시에 한곳, 또는 여러 장소에 많은 사람이 나가는 것이 도움이 되니까요.

역할 분담

청원 운동은 많은 인력이 필요한 일은 아니지만, 업무에 따라 역할을 분담할 수 있습니다.

• **글쓴이** 문제점과 요구 사항을 명확하고 간결하게 적은 청원서를 준비합니다.

• **모으는 사람** 서명받은 청원서를 한데 모아 청원 대상에게 전달할 준비를 합니다. 아주 많은 사람이 흩어져서 서명받는 일을 하는 경우, 청원서를 모으는 사람의 역할은 더욱더 중요해집니다.

• **의사 결정자/주도자** 청원 운동을 기획하고, 필요한 경우에는 주소에 따라 청원서를 분류하고 _{지역구 의원을 대상으로 하는 경우}, 청원 대상에게 가장 효과적으로 전달할 방법을 계획합니다.

필요한 자원

• **인쇄기 또는 복사기** 청원서를 준비하려면 인쇄기나 복사기가 필요합니다. 또는 인쇄를 맡길 약간의 돈이 필요합니다. 비영리 단체와 함께 일하고 있다면 인쇄비를 기부 받을 수도 있습니다. 도서관뿐만 아니라 대부분의 사무용품 매장에는 돈을 내면 사용할 수 있는 고성능 복사기가 있습니다.

• **기본 사무용품** 서명을 받을 때 쓸 펜과 종이를 고정하는 클립보드 정도가 필요합니다.

소요 시간

청원 운동 자체는 단 몇 시간, 심지어 단 몇 분 만에도 시작할 수 있습니다. 하지만 청원 운동을 제대로 하기 위해 준비하는 과정에는 시간이 상당히 필요합니다. 이 청원서를 누구한테 보낼지, 이 청원에 가장 효과적인 전략은 어떤 것인지 등을 판단하는 작업에 시간이 걸리는 것입니다.

성공적인 청원 운동을 위한 다섯 가지 조언

① **연락처를 수집하라.** 청원서에 최소한 우편번호를 포함한 주소를 적을 칸을 확보하세요. 그래야 서명서를 선거구에 따라 분류할 수 있고청원 대상이 선출직 공직자인 경우 대상에게서 답장을 받을 수도 있으니까요. 또한 서명자들이 이메일 주소와 전화번호를 적을 칸을 만들고, 추가 정보 수신 여부를 선택할 수 있는 칸도 만드세요. 그렇게 하면 청원 운동이 캠페인을 위한 봉사자들이나 운동가들을 모집하는 도구로 쓰일 수도 있어서 일석이조.

② **숫자 놀이를 하라.** 청원 운동의 본질은 더 많은 사람에게 서명을 받는 것이지만, '많다'는 것은 상대적 개념일 수 있습니다. 예를 들면, 편지를 손으로 쓰는 일은 개인적이기도 하고 시간이 많이 들기 때문에 100통의 편지가 1,000통의 이메일 서명보다 효과적일 수 있습니다. 또한 정치인의 경우에는 수도에 있는 사무실보다는 지역구 사무실로 편지를 보내세요. 지역구 사무실은 대체로 인력 규모가 작고 편지를 덜 받기 때문에 똑같이 100개의 엽서를 보냈을 때 훨씬 더 큰 일로 받아들일 수 있거든요.

③ **영향력이 큰 서명자에게 집중하라.** 집단적인 목소리를 내는 청원의 힘을 극대화하려면 청원서를 받는 사람이 귀를 기울일 수밖에 없는 목소리를 가진 서명자가 누구인지 파악하세요. 예를 들어, 지방의회 의원을 청원 대상으로 정했다면, 다음 선거에서 표를 던

질 수 있는 혹은 던지지 않을 수 있는 지역구 유권자들의 서명이 가장 큰 힘을 발휘합니다. 동성 커플에게 케이크 판매를 거부하는 동네 빵집이 청원 대상이라면, 그들이 차별적 행태를 바꾸지 않으면 사라질 단골들을 서명의 목표로 삼아 보세요.

④ **짧은 연설을 완벽하게 준비하라.** 4장에서 자세히 논하겠지만, 여러분이 벌이는 캠페인이 '무엇'에 관한 것이고, '왜' 중요한지 바로바로 말할 수 있어야 합니다. 특히 집마다 방문하거나 길에 나가 사람들을 만날 생각이라면 더욱더 완벽하게 준비해야 합니다. 사람들의 관심을 끌고 도움을 요청하는 데 성공하느냐 마느냐가 단 몇 초 사이에 결정되거든요.

⑤ **즐기면서 일하라.** 서명을 모으는 일이 꼭 지루하고 피곤한 작업일 필요는 없습니다. 친구들과 함께 번화가로 나가서 신나게 서명을 받아 보세요. 맛있는 음식과 놀 거리가 많은 행사장이나 축제 장소로 가는 것도 좋은 방법이고요. 아니면 간식과 사무용품을 넉넉하게 마련해서 편지 쓰기 파티를 열어 보세요.

직접적이면서도 빠르게 호소해요! _ 전화 캠페인

전화기가 다만 통화를 위한 기기가 아니라는 사실은 여러분도 알고 있을 거예요. 내 휴대전화는 사진첩, 일기장, 다이어리, 신문, 우편함, 게임기, 은행, 텔레비전, 개인 디제이DJ 역할까지 합니다. 더구나 전화기는 사회 정의를 위한 강력한 도구로 사용될 수도 있습니다.

전화 캠페인은 청원과 비슷한 면이 있습니다. 다수의 사람에게 빠르게 다가가고, 그들을 움직이게 할 수 있는 풀뿌리 전술이라는 점에서 그렇습니다. 다수의 자원봉사자가 여러 사람에게 전화를 건다는 차이가 있을 뿐입니다. 사람들에게 전화로 연락해 캠페인 대상에게 직접 전화를 걸어서 여러분이 주장하는 바를 대신 말해 달라고 요청하는 수도 있습니다. 또한 모금 운동과 여러분의 사회 운동을 널리 알리는 도구로 사용할 수도 있습니다.

효과적인 경우
- 사람들에게 즉각적인 행동에 나서도록 촉구할 때
- 여러분의 대의나 캠페인을 위해 모금 활동을 할 때
- 여러분의 대상이 특정한 입장·행동·투표를 선택하도록 영

향을 미치고 싶을 때

• 여러분의 대상이 특정한 인물·사안·법안·활동에 지지나
반대를 공개적으로 표명하게 하고 싶을 때

• 많은 사람에게 여러분의 사안에 대한 인식을 빠르게 제고하
고자 할 때

난이도 ●●●●○○○○○○

필요한 물품의 양으로 난이도를 평가하면 쉬운 축에 속하지만,
전화 캠페인에 성공하려면 철저한 사전 계획과 적극적인 자원봉사
자들이 있어야 합니다. 만약 전화 공포증이 있다면 난이도가 6이
나 7로 올라가겠지요?

전술 유형

• **전화 참여 캠페인** 전화로 한다는 차이만 있을 뿐, 청원과 비슷
합니다. 대상의 사무실에 걸려오는 전화가 폭주하게 하는 것이 목
표입니다. 많은 사람을 동원해 폭탄을 투하하듯 같은 날에 대상에
게 전화하면 됩니다.

• **전화 모금 운동** 자금을 마련하기 위해 전화하는 것입니다. 특
정 전술에 사용할 기부금이 필요하거나 사회운동을 위해 전반적인

계획을 세우는 데 돈이 필요한 경우, 전화 모금 운동을 통해 잠재적 지지자들의 성원을 끌어낼 수 있습니다.

• **여론조사 전화** 뉴스에서 'OOO 64%가 OOO 후보자를 지지하는 것으로 나타났습니다'라고 나오는 것은 대개 전화로 한 조사 결과입니다. 여러분의 캠페인이 사람들에게 다가가기 위해 가장 좋은 방법이 무엇인지, 사람들이 여러분의 사안에 대해 어떻게 생각하는지 등을 알아보기 위해 전화를 걸어 물어보는 여론조사를 실시해 보세요.

• **투표 참여 독려 전화** 선거 운동 기간에 사람들에게 투표 참여를 독려하고, 투표 참여 방법을 안내하기 위해 사용하는 방법입니다. 마치 유권자를 위해 응원여러분은 할 수 있습니다! 방법은 다음과 같습니다! 하는 것과 비슷합니다. 특정 선거 캠프에서 투표 참여 독려 전화를 하는 자원봉사를 할 수도 있고, 특정 사안이나 선거권 옹호를 위해 투표 참여 독려 전화를 하는 중립적인 단체와 함께 일할 수도 있습니다.

필요한 인원

여러분이 관리할 수 있는 최대한의 인원을 확보하세요. '더 많은 사람＝더 짧은 시간에 더 많은 통화'를 의미하니까요. 물론 혼자 할 수도 있지만, 전화를 많이 거는 것이 목적이라면 자원봉사자를 많이 모으는 것이 좋습니다. 사람 모으기가 어렵다면 소규모 집단에 적합한 다른 전술을 선택하는 것이 좋겠지요.

역할 분담

• **의사 결정자/주도자** 전화번호 목록을 만들고, 자원봉사자를 모집하고 관리하며, 활동이 끝난 후에 성공률을 측정하는 일을 맡습니다.

• **자원봉사자** 여러분과 함께 전화 캠페인을 벌일 사람들입니다.

필요한 자원

• **전화** 당연한 말이겠지만, 전화기가 필요합니다. 유선 전화기가 여러 대 있는 사무실이 있으면 아주 좋습니다. 집이나 학교처럼 여러 대의 유선 전화기가 없는 공간이라면 자원봉사자들에게 개인 휴대전화를 사용할 수 있는지 물어보세요. 혹은 선불제 유심을 구매해서 캠페인 기간에 자원봉사자들에게 제공하는 방법도 있습니다.

• **모임 장소** 지역 단체에 장소 대여를 부탁하거나, 자원봉사자들을 여러분의 집으로 초대하거나, 도서관에 있는 회의실처럼 조용한 커뮤니티 장소에 모여 일할 수도 있습니다.

• **전화번호 목록** 누구에게 전화할까요? 전화를 걸기 전에 전화

번호 목록을 작성해야 합니다. 대규모 사회운동 캠페인을 할 경우, 전화 목록을 사거나 선거관리위원회를 통해 등록된 유권자의 번호 목록을 확보할 수 있습니다. 창의력을 발휘하세요. 학교 주소록이나 지역 전화번호부, 기존 단체의 회원이나 자원봉사자 명단을 통해 연락처를 구할 수 있을 거예요. 이메일이나 소셜미디어를 통해 자원봉사자를 모집하고, 그들로 하여금 지인들에게 전화를 걸게 하는 방법도 있습니다.

• **전화 대본** 자원봉사자들이 무슨 말을 하고 어떤 요청을 해야 하는지 정확히 알 수 있도록 사전에 전화 대본을 준비하세요. 전화 캠페인을 벌이는 동안 모두가 이용할 수 있도록 복사본을 만드세요. 많은 사람이 전화 통화할 때 긴장하는 경향이 있으므로 대본이 있으면 불안감을 없애는 데 도움이 됩니다.

전화 대본

전화 대본은 큰 소리로 읽거나 말하기 쉬워야 합니다. 특히 선출직 공직자의 사무실에 전화를 걸 때는 전화를 거는 사람이 자신의 이름을 적을 칸을 대본에 따로 만들어 주세요. 대본은 전화 캠페인뿐만 아니라 여러 상황에서 유용하게 쓰일 수 있습니다. 자원봉사자들이 대중에게 여러분의 활동에 대해 설명하는 경우에도 대본이 있으면 더 편하게 말할 수 있습니다. 아래에 보기 두 개가 있습니다.

예시 대본 1

'안녕하세요, 제 이름은 전화를 거는 사람의 이름이고, 대상 지역구의 주민입니다. 저는 시/구/동 이름에 살고 있습니다. 저는 법안 이름(또는 다른 요구 사항)에 대상 님이 찬성표를 던지시기를 권하려고 전화했습니다. 그렇게 하시라고 하는 것은 중요한 이유 때문입니다.'

예시 대본 2

'안녕하세요, 저는 전화를 거는 사람의 이름이고, 캠페인 이름의 자원봉사자입니다. 캠페인이 중요한 이유 때문에 전화 드렸습니다. 요청하는 것을 위해 저에게 몇 분만 시간을 내주실 수 있을까요? 요청 사항을 잘 해주실 거라고 믿어도 되겠지요?'

좋은 전화 대본은 다음 세 가지를 포함해야 합니다.
① 전화를 거는 사람의 이름
② 전화를 거는 사람과 대상의 관계(선출직 공직자가 대상이라면 주소, 학교 위원회가 대상이라면 학교의 학생이라는 사실)
③ 전화를 거는 사람이 지지하거나 반대하는 사안에 대한 명확한 설명

소요 시간

전화 캠페인은 준비할 것이 별로 많지 않지만 자원봉사자 모집,
공간 마련, 전화기 확보는 며칠 혹은 그 이상의 시간이 걸릴 수 있
습니다. 이 세 가지가 준비되면―예를 들어 친구들이 전화기를 가
지고 여러분의 집으로 오기로 했다면_{자원봉사자 완료, 공간 완료, 전화기}
_{완료}―하루 저녁_{평일} 또는 늦은 아침부터 이른 오후까지_{주말}의 시간
을 확보하세요.

성공적인 전화 캠페인을 위한 다섯 가지 조언

① **현실적인 목표를 세워라.** 많은 전화 캠페인의 경우, 상당수가
통화 거부를 당하는 것이 현실입니다. 자꾸 통화 거부를 당하면
일하기가 어려울 수도 있습니다. 여러분을 통신 판매원으로 오해해
서 무례하게 답하거나 전화를 끊는 사람도 있을 거예요. 상처받지
마세요! 전화를 거는 봉사자들에게 동기 부여를 하기 위해 성공적
인 통화 수를 팀 목표로 세워 보세요._{한 사람이 한 시간에 7명과 통화하는}
_{데 성공했다면 꽤 잘하고 있는 거예요.} 팀 목표를 달성하면 종을 울린다든
가 하는 식으로 자축할 방법을 준비해 보세요.

② **적절한 시간대를 골라라.** 대부분의 사람이 학교나 직장에 있
는 평일 낮 시간대는 전화 캠페인 효과가 떨어집니다. 가장 좋은
시간대는 월요일에서 목요일까지의 저녁 시간대입니다. 오전 10시

이전, 통상적인 근무 시간 또는 예배 시간, 특히 대규모 스포츠 중계 시간대는 사람들이 진심으로 화낼 수 있으니 피하세요.

③ **창의적으로 전화번호 목록을 만들어라.** 전화번호로 가득 채워진 목록을 만들기 어렵다면, 봉사자 본인의 친구나 친척 다섯 명에게 전화를 걸도록 해 보세요. 정 안 되면 모두 전화기를 들고 사람들이 많이 오가는 곳으로 가서 실시간으로 전화번호를 수집해 보세요.

④ **기록을 잘 정리하라.** 통화 기록 장부를 봉사자들에게 나누어 주세요. 가장 쉬운 방법은 봉사자들에게 주는 전화번호 목록에 통화 결과를 적을 칸을 만드는 것입니다. 전화 결과를 아래처럼 분류하고, 그것을 쉽게 기록할 기호나 약어를 정하세요.

- 음성: 음성 사서함에 음성을 남김
- ×: 전화를 받지 않음
- 음성 OK: 수신자가 음성 메시지를 듣고 전화를 걸어옴
- ✆: 없거나 잘못된 전화번호
- OK: 수신자가 요청에 동의함
- 뚝: 수신자가 요청을 거부하거나 중간에 전화를 끊음

⑤ **즐겁게 일하라.** 전화를 걸기 시작하기로 한 시간보다 조금 일찍 모여서 동기를 부여하고, 성공적으로 통화할 수 있도록 조언해 주세요. 음식을 제공하는 것도 좋습니다! 모르는 사람에게 전화를

걸어 통화하는 것은 어색한 일일 수 있습니다. 전화 캠페인을 사람 사귀기 과정처럼 만들면 팀원들이 더 편안한 기분을 느끼며 의욕적으로 일할 수 있습니다. 자원봉사자들이 다음번 캠페인에 다시 참여할 가능성도 높아지고요!

스마트 기기를 총동원해 저항해요! _ 온라인 조직화

1장에서 우리는 여성을 성적 대상으로 삼고, 여성에게 수치심을 느끼게 하고, 여성을 고정관념으로 바라보는 만화·텔레비전 프로그램·영화·음악 등 미디어 콘텐츠에 대해 이야기했습니다. 우리의 경험과 정체성에 관한 이야기를 우리의 것으로 되찾기 위해 우리는 소녀들에 의한, 소녀들을 위한 강력한 디지털 콘텐츠를 만들 수 있습니다.

온라인 조직화는 최근 각광을 받는 분야로, 온라인에서의 실천을 통해 실제 생활의 변화를 도모하는 운동입니다. 어플리케이션이나 홈페이지 개발, 해카톤[12] 주최, 소셜미디어 콘텐츠 제작 및 공유, 동영상, 블로그, 온라인 청원운동 등이 모두 온라인 조직화의 범주에 들어갑니다. 온라인 조직화가 거리로 나서는 사회운동과 완전히 분리될 필요는 없습니다. 실체가 있는 캠페인이나 사회운동가 프로젝트의 일부로 트위터 집회나 온라인 청원 같은 디지털 요소를 활용할 수 있습니다.

---

12. 해킹과 마라톤의 합성어

효과적인 경우

- 사람들에게 여러분이 다루는 사안과 필요한 변화에 대해 교육할 때
- 여러분의 대상이 특정한 입장·행동·투표를 선택하도록 영향을 미치고 싶을 때
- 여러분의 대상이 특정한 인물·사안·법안·활동에 지지나 반대를 공개적으로 표명하게 하고 싶을 때
- 여러분과 함께할 사람들을 모으고 동원할 때
- 여러분의 대의나 캠페인을 위해 모금 활동을 할 때
- 여러분이 제기하는 문제에 미디어의 관심을 끌고 싶을 때
- 더 큰 캠페인과의 연대를 공개적으로 밝히고 싶을 때
- 많은 사람에게 여러분의 사안에 대한 인식을 빠르게 제고하고자 할 때

난이도   다양함

어플리케이션이나 첨단 전자 제품을 다루는 데 능숙하면스마트폰을 가지고 있고, 사용법을 잘 아는 정도면 충분합니다. 1에서 10까지의 난이도 가운데 보통 2 수준으로 볼 수 있습니다.

전술 유형

• **문자** 모임에 참석하기, 국회의원에게 전화하기, 온라인 청원에 서명하기, 소셜미디어에 게시물 공유하기 등을 촉구하는 문자를 수신자들에게 보내는 일입니다. 자원봉사자의 연락처 목록에 있는 사람들이나 여러분과 뜻을 함께하는 지인들에게 문자를 보내 보세요.

• **트위터 집회** 실제 집회104쪽 참고와 비슷하지만 온라인에서 이루어집니다. 트위터에서 다른 사람들과 정해 놓은 시간에 모여서, 여러분의 트위터 집회의 취지를 알리는 해시태그를 올리고 동참해 달라고 부탁하세요. 사람들은 해시태그를 팔로우하고 트윗을 리트윗하는 방법으로 '참여'할 수 있습니다. 영향력이 큰 사람들이 트위터 집회에 '발언자'로 참여한다면 아주 이상적입니다. 실제 집회와 마찬가지로, '참석자들'에게 구체적인 행동 방침을 알리고 실천해 달라고 요청하세요. 예를 들어 선출직 공직자에게 트윗 보내기, 청원에 서명하기, 자원봉사 신청하기 등을 하라고 하는 거예요.

• **이메일 목록** 캠페인 이메일 수신에 동의하거나 자원봉사를 신청한 사람들의 목록을 작성해 두세요. 진행 상황과 더불어 여러분의 캠페인에 참여하는 행동 방침을 이메일로 보내세요. 무료인 이메일 마케팅 서비스를 이용해 단체 이메일수신자들의 개인정보 보호를 위해 반드시 숨은참조 기능을 사용하세요을 보내세요.

• **페이스북 행사 또는 페이스북 페이지** 많은 사람이 매일 방문하는 사이트를 이용하면 지지자들과 소통하기 좋습니다. 여러분이 친구들을 초대하면, 그 친구들이 또 다른 친구들을 초대하도록 하세요. 2017년 여성 행진 역시 간단한 페이스북 행사에서 시작되었습니다!

• **사진 청원** 자원봉사자들과 지지자들이 어떤 상징적인 행동을 하고 있거나 특정 메시지와 해시태그가 적힌 팻말을 들고 있는 사진을 올리세요. 여러분의 캠페인이 대상으로 정한 계정을 태그하면 더욱 효과적입니다.

필요한 인원

행동하는 데는 많은 인원이 필요하지만, 기획하는 데는 몇 사람만 있어도 충분합니다. 온라인 특성상 한번 온라인에 올리면 빠르게 조직이 만들어지니까요.

역할 분담

• **의사 결정자/주도자** 온라인 전략을 수립합니다.

• **데이터 관리자** 사람들의 연락처 정리, 사진 청원에 대한 참여 분석, 페이스북 페이지를 통해 행동한 사람의 수 등 모든 데이터를 관리합니다. 이 정보들이 있으면 나중에 여러분의 캠페인에 관심이

있는 사람들을 대상으로 구체적인 행동을 촉구할 수 있습니다.

• **콘텐츠 제작자** 온라인에서 여러분의 존재를 업데이트해 주고 캠페인에 도움되는 정보가 많이 공유되도록 개성 있는 콘텐츠를 만듭니다. 전문적인 기술이나 디자인 능력이 있는 친구에게 딱 맞는 역할입니다!

필요한 자원

• **인터넷 접근성** 2015년 기준으로, 전 세계 인구의 절반 가까이가 인터넷에 접속할 수 있고, 젊은 층의 대다수가 집에서 또는 개인 휴대전화를 통해 인터넷을 할 수 있습니다. 만약 여러분이 인터넷을 사용할 수 없는 상황이라면, 도서관이나 피시방을 이용하세요.

• **기본적인 그래픽 디자인 소프트웨어** 모든 온라인 캠페인에 필요한 것은 아니지만, 트위터 헤더 사진, 공유가 많이 될 법한 이미지, 스냅챗 필터 등을 따로 만들면 큰 도움이 됩니다. 컴퓨터에 기본적으로 내장된 소프트웨어 또는 픽슬러나 칸바둘 다 휴대전화에서 사용할 수 있는 어플리케이션이 있습니다. 같은 사이트를 이용해 보세요.

소요 시간

길지 않습니다. 대부분의 소셜미디어 콘텐츠와 마찬가지로 온라인 조직화 역시 매우 빠르게 진행됩니다. 오늘 온라인을 뜨겁게 달구었던 해시태그가 내일은 사라지는 시대니까요.

성공적인 온라인 조직화를 위한 다섯 가지 조언

① **독창적인 콘텐츠를 만들어라**: 다른 곳에서 찾은 자료를 그대로 써먹기보다는 여러분의 캠페인을 잘 보여 주는 독자적이고 공유될 가능성이 큰 콘텐츠를 개발하세요. 시각적 자료는 글보다 강한 힘이 있습니다. 솔직히 화면에 긴 글이 뜨면 스크롤해서 지나가는 경우가 많잖아요. 스마트폰이나 태블릿을 사용할 수 있으면 비디오카메라가 준비된 셈입니다. 인스타그램 계정이 있다면 꽤 괜찮은 사진 편집기를 갖춘 셈이고요. 스냅챗을 이용하면 다음번 사회운동 행사를 위한 맞춤형 지오필터를 제작하고 구매할 수 있습니다.

② **인적 네트워크를 활용하라**: 친구나 가족에게 여러분의 디지털 콘텐츠를 공유해 달라고 부탁하세요. 소셜미디어에서 존재감이 크지 않은 사람이라고 해도 상관없어요. 여러분의 콘텐츠가 많이 공유되고, 많은 사람의 공감을 받을수록 복잡하고 비밀스러운 알고리듬을 통해 좋은 콘텐츠라고 평가받을 가능성이 커집니다. 그럴수록 더 많은 사람에게 노출될 거고요!

③ **대중의 흐름을 따르라**: 온라인 조직화는 장난스러운 메시지도

마음 편히 보낼 수 있는 사회운동 영역입니다. 주저하지 말고 웃기는 해시태그나 재미있는 '짤'을 활용해 보세요. 재치 있다고 평가받고 공감을 많이 받을수록 많은 사람이 여러분의 메시지에 관심을 가질 거예요.

④ **스토리텔링으로 승부하라**: 재미있고 재치 있는 콘텐츠를 만들 자신이 없다면 가슴이 찡하고 진정성 있는 이야기로 사람들의 마음을 움직여 보세요. 진솔하게 말할 마음의 준비가 되었다면, 여러분이 왜 사회운동에 나서게 되었는지부터 말해 보세요. 그리고 그 이야기를 세상과 공유하세요.

⑤ **악플에 신경 쓰지 마라**: 인터넷에는 '악플'이 있기 마련이에요. 악플이 달려도 그냥 무시하세요. 악플에 반응하지 말고 그 계정을 차단하거나 그 사람의 글이 안 보이게 하는 기능을 사용하세요. 만약 어떤 식으로든 위협받는 느낌이 들면 가만있지 마세요. 위협적인 트윗을 캡처하여 그 사람이 어떤 식으로 여러분을 괴롭혔는지 기록하고, 해당 소셜미디어 업체에 부적절한 행동을 신고하고, 어른에게 알리세요. 대부분의 협박은 말로 끝나지만, 그렇다고 여러분을 향한 구체적이고 직접적인 언어폭력을 그저 참기만 해서는 안 됩니다.

오늘은 소녀 운동가, 내일은 유권자
_ 선출직 공직자에게 로비하기

여러분이 만 18세 미만 청소년이라면 법적으로 투표권이 없습니다. 그렇다고 해서 국회에서 통과되는 법안이 여러분에게 영향을 미치지 않거나 정치인들이 여러분의 의견에 관심이 없는 것은 아닙니다. 여러분에게는 투표권과 상관없이 정부 지도자들에게 의견을 표출할 헌법적 권리가 있습니다.

어떤 이들은 정치가들이 어린 사람들의 의견에는 관심이 없고, 유권자나 대규모 기부자, 전문가의 말에만 귀를 기울인다고 생각합니다. 하지만 이것은 완전히 틀린 생각입니다. 제 경험에 비추어 보면 그들은 때로 어른보다 청소년의 목소리에 더 귀를 기울이기도 합니다. 청소년들이 목소리를 내는 것은 공동체에 진심으로 관심이 있기 때문이며, 정치인들 역시 그 사실을 잘 알고 있습니다. '로비'는 종종 돈과 결부되어 부정적인 의미로 쓰이지만, 이 책에서 말하는 로비는 '권력자들에게 이해 문제를 진정하거나 탄원하는 일'이라는 사전적인 의미이고 부정적인 함의는 전혀 없습니다. 선출직 공직자에 대한 로비 중 제가 아는 가장 성공적인 사례는 솔직하고 똑똑하며 진실을 말하기를 두려워하지 않는 청소년이 동참한 경우였습니다.

지금은 어느 때보다 소녀들이 자신의 권리를 위해 목소리를 낼 힘이 필요합니다. 우리는 무수한 방법으로 공격받고 있습니다. 우리 스스로 목소리를 내지 않으면, 누가 나서 줄까요?

효과적인 경우:

• 사람들이 자신의 권리를 위해 목소리를 낼 수 있도록 힘을 북돋아 주고 싶을 때

• 여러분의 대상이 특정한 입장·행동·투표를 선택하도록 영향을 미치고 싶을 때

• 여러분의 대상이 특정한 인물·사안·법안·활동에 지지나 반대를 공개적으로 표명하게 하고 싶을 때

• 특정한 인물·사안·법안·활동에 대한 여러분의 지지나 반대를 공개적으로 밝히고 싶을 때

난이도 ●●●●●●●●○○○

솔직히 말할게요. 이 전술은 어렵습니다. 선출직 공직자들과 이야기를 나누는 것 자체가 어렵기 때문이 아니라, 이 전술을 제대로 실행하기 위해서는 정치적 절차에 대한 기본적인 지식을 알아

야 하기 때문입니다. 정치적 절차는 때로 이해할 수 없는 미스터리처럼 느껴지는 경우가 많거든요. 또한 대부분의 경우 구체적인 법안이나 법률, 정책에 집중해야 하는데, 그것도 이해하기가 만만치 않습니다. 하지만 경험이 많은 사회운동가나 단체, 조직과 함께 일하면 정치적 절차나 특정 법과 사안을 명확하고 간단하게 이해하는 데 도움을 받을 수 있습니다. 그런 경우에는 난이도가 10분의 3 정도로 내려갑니다. 한번 도전해 볼 만하지요?

누가 여러분을 대표하는가?

정말로 궁금해서 물어보는 거예요. 여러분은 누가 여러분을 대표하는지 알고 있나요? 모른다고요? 괜찮습니다. 알고 보면 쉽거든요.

· 지방 정부는 시장이나 시의회 같은 조직이 운영합니다. 구의회와 구청장이 있는 행정 단위도 있고요.
· 지방의회는 지방의 법률을 관장하고 시장이나 구청장은 행정 수반이 됩니다.
· 중앙 정부는 국회의원으로 구성되는 입법부가 있고, 대통령이 행정 수반이 됩니다.

조금 더 구체적으로 누가 여러분을 대표하는지 알고 싶은가요? 우리나라의 경우, 국회 홈페이지www.assembly.go.kr에 가면 여러분 지역의 국회의원을 찾을 수 있습니다.[13]

---

13. 옮긴이 주.

전략 유형

목표에 따라 다양한 방식의 로비가 있습니다. 기본적으로 로비는 특정 사안에 대해 정치인과 함께 일하거나 토론할 기회입니다. 동시에 다른 한편으로는 여러분의 주장을 다른 사람들이 얼마나 많이 지지하는가를 보여 주는, 실력 행사의 한 형태이기도 합니다.

• **대규모 모임** 정치인, 저명한 인사, 최고 경영자처럼 중요한 인물들이 모이는 경우도 있고, 대규모 풀뿌리 조직의 구성원이 아주 많이 참석하는 형태도 있습니다. 나도 50명이 넘는 사람들이 참여한 로비 모임에 참석한 적이 있습니다. 이런 자리를 마련하는 목적은 근육을 과시하는 것과 비슷합니다. 사회적 지위를 통해서든, 단순히 참석자 수를 통해서든 여러분이 제안하는 법안이나 제기하는 사안을 얼마나 많은 사람이 지지하는지를 눈으로 직접 확인시켜 주는 방법입니다.

• **비공개 모임** 소수의 사람과 정치인이 작은 규모로 친밀하게 만나는 것입니다. 깊이 있는 대화를 통해 정치인이 여러분의 요구에 동의하도록 하는 것이 목표입니다. 힘의 과시보다는 여러분이 진행 중인 캠페인의 목표를 달성하는 쪽으로 진행되도록 해야 합니다.

• **의원 사무실 방문** 지방의회 의원이나 국회의원의 지역 사무실

을 방문하는 것입니다. 국회의원은 의사당에 사무실이 있을 뿐만 아니라 지역구선거구에도 최소한 한 개 이상의 사무실을 두고 있습니다. 따라서 고생스럽게 군이 국회의사당까지 갈 필요가 없이 가까운 지역 사무실을 방문하면 됩니다. 그렇게 하면 많은 지지자가 더 편하게 동참할 수 있습니다.

• **예고 없는 방문** 미리 약속하지 않고 불쑥 방문하는 것입니다. 방문 전에 이야기할 주제를 미리 생각해 두어야 합니다. 사무실에 남겨 둘 수 있는 자료146쪽을 보세요.와 명함도 챙겨서 가고, 방명록에 이름도 쓰세요. 의원을 직접 만날 경우도 있지만, 사무실이 무척 바쁠 때에는 직원하고 이야기조차 나누지 못할 수도 있습니다. 이런 경우를 대비해 남겨 둘 자료를 가져가면 여러분이 방문한 흔적을 남길 수 있습니다.

• **쫓**아다니기 정치인이 약속된 연설이나 행사에 참석할 때 따라다니면서 여러분의 관심 사안에 대해 말하거나 질문을 하는 예술적인그리고 약간 불쾌할 수도 있는 기법입니다. 이 전술의 목표 중 하나는 정치인에게 대중의 관심을 보여 주고, 사전에 완벽하게 답변 준비를 하지 않은 상태에서 많은 사람, 때로는 언론 앞에서 답변을 받아내는 것입니다.

필요한 인원

혼자 갈 수도 있고 대규모 집단과 함께 갈 수도 있습니다. 이루고자 하는 목표, 기존 정치인과의 평소 관계, 현실적으로 동원할 수 있는 사람 수에 따라 규모가 달라집니다.

역할 분담

• **로비 팀 리더** 만남을 개최하고, 만남의 분위기를 정하고, 정치인에게 참석자들을 소개하는 일을 맡습니다. 발언자들을 소개하고 정치인의 질문에 답하는 등, 모임이 제대로 진행되도록 최선을 다합니다.

• **서기** 로비 모임은 빠르게 진행될 수 있습니다. 나중에 공유할 수 있도록 발언 내용과 정치인에게 요구한 사항, 정치인과 로비 그룹이 나눈 문답 내용, 그리고 전체적인 결론 등을 기록할 서기가 있으면 좋습니다.

• **발언자** 가능하면 정책이나 법안의 직접적인 영향을 받는 사람 중에 개인적인 이야기를 기꺼이 공유할 뜻이 있는 사람이 맡으면 좋습니다.

• **자료 점검자** 모임에서 중점을 두어야 할 몇 가지 구체적인 논점이나 통계 수치, 메시지를 선정하는 일을 합니다. 한 사람이 맡을 수도 있고, 여러 사람이 할 수도 있습니다. 팀 리더와 함께 긴밀

히 협력하면서 토론이 논점에서 벗어나지 않도록 살피고, 의미 있는 답변을 끌어낼 수 있는 질문이 나오는지 확인합니다.

필요한 자원

• **자료 조사** 법안이나 정책, 법에 대해 논의하기 위해 정치인을 방문할 때는 해당 사안을 명확하게 설명할 준비가 되어 있어야 합니다. 정치인이 당연히 알고 있어야 하는 사안인데도 그에 대해 지식이 전혀 없을 가능성도 배제할 수 없기 때문입니다. 전문가가 될 기회를 잡아 보세요! 자료를 조사하고, 메모해서 가져가세요.

• **두고 올 자료** 두고 올 수 있는 인쇄된 자료를 의미합니다. 여러분의 사안을 한 장으로 간단히 정리해도 좋고, 자세하게 만든 책자나 개략적으로 설명한 다음 여러분의 이름을 쓴 편지도 괜찮습니다. 모임이 끝난 뒤에도, 그리고 다시 만나기 어려운 경우에도 여러분이 말한 내용을 기억할 수 있도록 만드는 좋은 방법입니다.

• **감사 편지** 모임이 끝난 뒤에 정치인에게 감사 편지를 보내서 여러분과 함께 토의한 내용을 상기시켜 주세요.

소요 시간

여러분의 사안에 대해 잘 알고 있다면 계획을 세우는 데 시간이 오래 걸리지 않습니다. 조사를 위한 자료 수집하기, 명확하게 표현하기, 자원봉사자 조직하기이동 수단에 대한 고려도 포함됩니다 등을 준비해야 합니다. 이때, 정치인의 일정이 제약으로 작용할 수 있습니다. 먼저 정치인의 사무실에 전화하거나 편지나 이메일을 보내서 만남을 요청한 후에 기다리는 수밖에 없습니다. 국회의원의 지역구 사무실 방문은 의원이 여러분의 '동네'에 올 때까지 기다려야 할 수도 있습니다. 어떤 의원들은 몇 주 동안 일정이 꽉 찼을 수도 있습니다그렇게 둘러댈 수도 있고요. 그들의 비서와 접촉하기 위해 공식적인 요청서를 보내야 할 수도 있습니다. 따라서 장기전을 벌일 각오를 해야 합니다. 포기하지 마세요. 이런 만남은 시민의 당연한 권리니까요.

성공적인 로비 방문을 위한 다섯 가지 조언

① **약간 개인적으로 접근하라** 자료 조사를 하면서 여러분 지역구의 의원이 다른 사안에 대해 표결한 기록국회 홈페이지에서 표결 기록 검색하기, 지역 정치인의 경우 시 홈페이지 검색하기, 구글 같은 검색 사이트에서 의원 이름과 특정 사안을 검색어로 검색하기과 그들의 관심사, 그들의 성과에 대한 여론 등을 살펴보세요. 이를 통해 그들이 여러분을 지지할 가능성을 가늠할 수 있습니다. 의원 개인에 대해서도 더 많은 것들을 알아내세요. 어떤 시민운동 단체와 연관이 있는지, 공직 외에 과거 또는 현재에 어떤 일을 하고 있는지직업, 특히 지지하는 사안이 무

엇인지 알아보세요. 여러분과 취미가 같거나 같은 종교 활동을 하고 있다는 사실을 찾아낼지도 모릅니다. 그 사람이 어린이 관련 사안에 관심이 많은가요? 그렇다면 여러분의 사안을 어린이와 연결시켜 보세요. 혹시 의원이 걸스카우트 출신인가요? 마침 여러분도 걸스카우트 출신이라고요? 걸스카우트와 관련된 내용을 어떻게 대화에 자연스럽게 녹일 수 있을까, 고민해 보세요.

> 만날 사람에 대해 더 많이 알수록
> 여러분의 메시지를 그 사람의 특성에 맞게
> 더 잘 다듬을 수 있습니다.

② **마무리는 항상 요청으로** 로비를 위해 정치인을 만날 때에는 그 정치인이 어떻게 행동하기를 원하는지 구체적으로 요청해야 합니다. 특정 법안을 지지하거나 반대해 달라는 요청이 가장 일반적이지만, 지역에 있는 혐오 집단을 공식적으로 비판해 달라거나, 최근 발생한 비극적인 사건에 대해 성명서를 내달라거나, 여러분의 조직을 공식적으로 지지해 달라는 요청도 할 수 있습니다. 여러분이 진행하는 모금 행사나 집회에 의원을 초대해 보세요! 요청한 뒤에는 승낙 또는 거절의 답변을 받기 전까지 또는 최소한 다시 연락할 약속을 정하기 전까지는 자리에서 일어나지 마세요.

③ **논점에서 벗어나지 마라** 메시지 전달을 계획하려면 많은 시간을 투자해야 합니다. 특히 다음 사항들을 미리 점검하세요. 어떤 말을 하고 싶은가? 그 말이 우리의 요구 사항을 전달하는 데 어떤 도움이 될까? 우리의 주장을 관철하기 위해 어떤 사실이나 논리, 설득력 있는 이야기 등이 필요할까? 어떻게 하면 정치인이 여러분의 말에 관심을 가지게 될까? 안타깝게도 정치인들은 여러분의 요구에 응하고 싶지 않을 때 여러분이 논점에서 벗어나도록 유도하는 전략을 사용하는 경우가 있습니다. 여러분이 자신의 메시지에 대해 잘 알고 있으면 그런 전략에 넘어가지 않아, 논점에서 이탈할 가능성이 낮아집니다.

④ **수비를 잘하라** 어려운 질문에 어떻게 답할지, 여러분이 지지하는 법안이나 주제에 대한 가짜 정보에 어떻게 반박할지, 이런 것들을 사전에 생각하고 답변을 준비해야 합니다. 여러분의 주장에 반대하는 사람들은 누구인가요? 그들은 뭐라고 주장하지요? 그들의 주장에 반박하고, 그들이 퍼뜨리는 가짜 정보에 직접적이고 적극적으로 대응할 준비가 되어 있나요? 잘 준비하면 순간적으로 당황하는 일은 없을 거예요.

⑤ **"우리는 우리가 그토록 기다려왔던 우리의 모습이 되었다"** 흑인 양성애자 반전 운동가이자 시민권 운동가인 준 조던이 한 말입니다. 이 말은 소녀들이 자기의 미래를 만들려고 하는 이유를 잘 설

명해 줍니다. 여러분은 곧 투표권을 갖게 됩니다! 그리고 정치인들은 이 사실을 잘 알고 있습니다. 2018년은 유권자 수에서 밀레니얼 세대가 베이비 붐 세대를 추월했습니다. 밀레니얼 세대는 인종적으로 가장 다양하고, 전반적인 사회 문제에 대해 가장 진보적인 성향을 보입니다. 정치인들이 준비가 되었든 안 되었든, 젊은 유권자들과 곧 유권자가 될 청소년들은 미래를 만들어 나갈 것이고, 변화를 불러올 것입니다. 이것은 확실합니다! 투표권이 생기기 전까지 어떤 식으로든 정치 활동에 참여해 보세요. 후보의 선거 운동에 자원봉사를 하세요. 정치인 로비 방문을 계획하세요. 여러분보다 더 어린 미래의 유권자들이 저항운동에 동참할 수 있도록 이끌고 도와주세요.

☆ **한번 더 생각해 봅시다**　　　☆ ☆ ☆ ☆ ☆

1. 여러분의 이상을 실현하기 위해 무엇을 할 것인지 결정하기 전에 왜 그 이상을 추구하는지 이유를 먼저 알아야 합니다.

결과적으로 의미 있는 변화를 가져오지 못한, 즉흥적인(또는 계획된) 시위들을 떠올려 보세요. 그 시위들이 성공하려면 시위 주최자들이 어떻게 했어야 할까요? 이제 성공한 시위들을 떠올려 보세요. 어떤 전략이 어떻게, 어떤 이유로 변화와 발전을 끌어냈나요?

2. 전술을 택하기 전에 복잡한 상황과 필요한 인적 자원들을 고려하세요.

시위와 집회를 계획하고 실행하려면 많은 사람이 필요합니다. 청원, 편지 쓰기 캠페인, 온라인 홍보, 정치인 로비 등은 비교적 소수의 사람만으로도 가능합니다.

3. 편안하게 말하세요.

공적인 자리에서 말하는 것은 쉬운 일이 아닙니다. 누구나 잘할 수 있는 일도 아니고요. 여러분의 강점과 약점을 파악하세요. 군중이든 소규모 집단이든 사람들 앞에서 말하는 것이 정말로 어렵게 느껴지면, 다른 동료에게 대신 해 달라고 부탁해도 괜찮습니다. 하지만 여러분은 틀림없이 잘해 낼 수 있을 거예요. 자신감을 가지세요!

☆ ☆ ☆ ☆ ☆ ☆ ☆ ☆ ☆ ☆ ☆ ☆ ☆

4

정곡을 찌르는 말로
대중을 설득하기

사회운동에 있어서 말은 이야기를 들려주는 수단이자 관점을 바꾸는 힘이 있습니다. 말은 편견을 가진 사람들과 괴물 같은 사람들을 무너뜨릴 수 있습니다. 말은 정책을 바꾸고 법안을 통과시킬 수 있습니다. 말은 심금을 울리고 생각을 바꿀 수 있습니다. 여러분의 말은 강력합니다. 여러분의 말은 다른 소녀들의 공감대를 끌어내는 메시지를 만들어 내고 우리가 자매애로 연대할 수 있도록 해 줍니다. 사람들이 소녀들의 말을 방해하거나 침묵을 강요하는 것은 여러분의 힘을 빼앗고 싶기 때문입니다. 그런 일이 일어나도록 가만히 있으면 안 됩니다!

- 목소리를 내 보자고요! 〉

"우리는 말을 할 때,
우리 말이 들리지 않거나
환영받지 않을까 봐 두려워한다.
그러나 우리는 침묵할 때조차도 두려워한다.
그러니 차라리 말하는 것이 낫다."

- 오드리 로드, 작가이자 사회운동가

너무나 화나거나 슬퍼서 감정을 제대로 표현할 말을 찾지 못한 적이 있나요? 나는 말문이 막힐 때마다 오드리 로드를 떠올립니다. 그는 카리브해계 미국인이자 흑인, 레즈비언 시인, 학자였고, 강력한 목소리를 가진 여성 운동가였습니다. 인종·젠더·계급과 관련된 사안에 목소리를 높였고, 특히 여성을 위한 공간을 만들고 힘을 키우는 일에 집중했습니다.

오드리 로드는 열다섯 살 때 처음으로 자작시가 잡지에 게재되었습니다. 제목이 〈봄〉인 연애시였는데, 1991년 인터뷰에서 이렇게 말했습니다. "저는 우리 고등학교 교지의 편집자 중 한 명이었고, 교지에 실을, 사랑을 주제로 한 시를 썼습니다. 하지만 선생님께서는…… 교지에 실을 수 없다고 하셨어요. 그래서 《세븐틴》 잡지에 투고했는데, 거기에 실렸습니다." 잘 들으셨죠, 선생님!

지금까지 우리는 계획을 세우고 행동에 나서는 방법에 대해, 즉 어떻게 행동할지에 대해 탐구했습니다. 이제 말을 어떻게 할지에 대해 생각해 볼 차례입니다. 여러분이 하는 일이 무엇이고 왜 중요한지를 말하는 방법에 대해 배울 것입니다. 여러분 자신의 언어를 사용해서 말이죠!

메시지 전달이란 무엇인가?

대중에게 전달하는 메시지에는 여러분이 벌이는 캠페인에 대한 모든 정보가 포함되어야 합니다. 메시지 전달은 여러분의 캠페인 계획—캠페인 목표, 대상, 잠재적 동조자와 반대자 등—을 공감을 불러일으키고, 설득력이 있고, 정곡을 찌르는 언어로 바꾸는 전략입니다. 한마디로, 승리를 위해 언어를 사용하는 전략입니다.

여러분은 이미 메시지 전달에 대해 잘 알고 있습니다. 평생 광고를 봤으니까요. 가장 좋은 메시지는 가장 간단한 메시지인 경우가 많습니다. 하지만 속지 마세요. 그런 메시지를 만들어 내는 것은 간단한 일이 아닙니다. 좋은 메시지 전략은 다음 네 가지 질문에 답을 해야 합니다.

누구 여러분의 집단·캠페인·조직을 구성하는 사람은 누구인가?

무엇 쟁점이나 문제가 되는 것은 무엇인가?

왜 왜 사람들이 관심을 가져야 하나?

무엇 문제 해결을 위해 무엇을 해야 하는가?

효과적으로 메시지를 전달하려면 대중을 '낚아야' 합니다. 대중의 관심을 끌고 유지할 수 있어야 한다는 말입니다. 효과적인 '낚싯밥'을 던지려면, 여러분의 이야기를 은유적으로 표현할 수단이 있어야 합니다. 그것은 사진일 수도 있고, 어떤 행사일 수도 있고, 짧고 설득력과 호소력이 있는 문구일 수도 있습니다. 여러분만의 '낚싯밥'을 생각할 때 다음 질문들을 던져 보세요.

- 내가 다루는 사안이 지금 이 순간에 왜 중요한가?
- 이 사안의 어떤 부분에 사람들이 개인적인 연결고리를 느낄 수 있는가?
- 사람들의 감성을 자극하려면 어떤 식으로 이야기를 풀어야 할까?

메시지의 세 가지 종류

　좋은 메시지는 모든 정보를 한꺼번에 제공해서 사람들을 골치 아프게 하지 않습니다. 장기적인 변화를 달성하는 관점에서 보면, 시끄럽고 잘난 척하는 모습은 사람들의 관심을 끌 수는 있지만, 사람들이 행동하도록 자극하지는 못합니다. 그렇다면 무엇이 사람들을 행동하게 할까요? 메시지는 그 목적에 따라 세 종류로 나눌 수 있습니다. 한 메시지 안에 세 가지 목적이 모두 포함될 수도 있고, 적절히 섞여 있을 수도 있고, 한 가지만 담겨 있을 수도 있습니다. 그러니까 세 가지 목적을 달성하기 위해 별도의 메시지 세 개를 내야 한다는 뜻은 아닙니다.

　인식 제고 메시지 여러분이 제기하는 사안이 문제가 된다는 사실을 사람들이 인식하지 못하면, 당연히 왜 그 사안에 관심을 가져야 하는지도 모를 것입니다. 그리고 행동에 나서는 일은 절대로 일어나지 않겠지요. 인식 제고 메시지는 대부분의 사람이 여러분의 캠페인에 대해 잘 모르는 상황에서 그들의 관심을 끌고 해당 사안에 대한 인식을 끌어올리기 위한 메시지입니다. 이때 지나치게 세세한 것에 집중하다 보면 길을 잃을 수 있습니다. 거시적이고 대중적이고 이해하기 쉽고 입에 착 붙는 메시지가 되도록 해야 합니다.

설득 메시지 사람들이 여러분이 제기하는 문제가 무엇인지 알았다면, 이제 그것이 왜 중요한지 설득해서 여러분 편에 서게 만들어야 합니다. 이 단계에서는 세부적인 정보를 제공하고 개인적인 이야기와 확실한 사실들을 공유해서 합리적인 여론이 형성되는 쪽으로 이끌어야 합니다. 아마도 여러분의 궁극적인 목적은 사람들이 행동에 나서도록 촉구하는 것일 겁니다. 캠페인에 자원봉사하기, 청원에 서명하기, 시위에 참여하기 같은 행동들 말입니다. 설득 메시지는 사람들이 개인적인 관심을 가지고 의지를 불태우며 행동할 마음이 생기도록 적절한 정보를 제공하는 것입니다.

동원 메시지 이것은 행동 개시를 요구하는 메시지입니다. 가장 큰 요청인 셈이지요. 사람들에게 정확히 언제, 어떻게, 무슨 일을 해야 하는지 알려야 합니다. 그리고 무엇보다, 그들로 하여금 거리로 나와 여러분과 나란히 서서 투쟁하도록 영감을 주어야 합니다.

인식 제고를 위한 메시지
때로는 간명하게 곧바로 핵심을 말할 필요가 있습니다. 인식을 제고하는 메시지는 사람들에게 어떤 사안이나 대의명분이 존재한다는 사실을 빠르게 보여 주어야 하지, 긴 설명을 하면 안 됩니다. 메시지 전달의 다음 단계인 설득 단계로 넘어가기 전에 우선 사람들의 관심을 끌어야 합니다. 첫걸음은 사람들이 불가피하게 던지게 될 '잠깐, 누구세요?' 또는 '무슨 일이지요?'와 같은 질문에 답하는 것입니다.

이름 짓기

여러분의 모임이나 캠페인, 팀의 이름을 멋지게 짓는 것 역시 메시지 전달 계획의 일부입니다. 왜냐고요? 이름은 어떤 활동의 정당성에 대한 인식을 제고하는 데 핵심적인 역할을 하기 때문입니다. 이름은 그룹의 정체성에 대해 말할 뿐 아니라, 하고자 하는 일에 대한 정보를 제공합니다. 따라서 이해하기 어렵고 헷갈리거나 기억하기 어려울 정도로 너무 긴 이름을 선택하면 ① 좋은 첫인상을 남기지 못하고 ② 인식을 제고하고 신뢰성을 쌓는데 불리합니다.

이름을 혼자서 고민하는 것은 대부분의 경우에 좋은 생각이 아닙니다. 여러분 혼자 모든 것을 생각할 수도 없고, 활동의 필요성을 제대로 강조하지 못하거나 섬세한 의미의 차이를 놓칠 수도 있습니다. 여러 사람이 모여 아이디어를 내는 방법을 사용해 보세요. 팀원들이 모여 이런저런 이름을 제안해 볼 수도 있고, 만약 혼자서 일한다면 친구나 가족의 의견을 들어 보세요. 처음에는 캠페인과 연관되는 모든 단어, 문구, 개념을 나열하는 것으로 시작해 보세요. 캠페인 계획을 보며 최종 목적, 목표, 전략에 대해 생각하세요. 어떤 단어가 그 목적을 이루고, 목표를 달성하고, 전략을 집행하는 데 도움이 될까요?

모든 캠페인 또는 조직의 이름은 다음 특성을 갖추어야 합니다.

- **간결함** 말하기에 지나치게 어려워서는 안 됩니다. 따라 읽고 쓰기가 쉬워야 합니다.
- **기억하기 쉬움** 이름이 반드시 언어유희를 포함하거나, 입에 착 붙거나 농담 같을 필요는 없지만, 사람들이 기억할 만한 것이어야 합니다. 두운과 각운을 사용하는 것도 좋은 방법이고, 긴 이름보다는 짧은 이름이 좋습니다.
- **핵심 가치를 표현** 이름은 여러분의 대의명분을 감성적으로 표현하는 도구입니다. '공식적인' 이름처럼 들리게 하려고 굳이

딱딱한 이름을 지을 필요는 없습니다. 우정, 사랑, 힘처럼 여러분의 대의명분을 인간적으로 느끼게 해 주는 감성적인 단어를 사용해도 괜찮습니다.

• **줄임말도 고려할 것** 이름이 두 단어 이상으로 만들어지면, 첫 머리에 오는 글자만 따서 줄임말로 불릴 가능성이 큽니다. 줄임말 명칭이 발음하기 쉬운지, 그리고 의도하지 않게 웃기는 단어가 되지는 않는지 점검해야 합니다.

'가족계획 연맹'은 아주 좋은 보기입니다. 이 단체는 미국에서 가장 오랫동안 낙태, 피임, 암 검진을 포함한 생식 건강관리 서비스를 제공해 온 단체입니다. 모든 사람이 무엇을 하는 단체인지 알고 이름을 기억하고 있습니다. 짧고, 발음하기도, 이해하기도, 기억하기도 쉽습니다.[14] 더구나 조직의 핵심 가치를 잘 드러냅니다. 미국 가족계획 연맹은 보건 서비스를 제공하는 것을 임무로 삼지만, 궁극적 목표는 사람들이 임신과 양육에 대해 자주적이고 현명한 결정을 내릴 수 있도록 도와주는 것입니다. 이러한 가치가 이름에 잘 반영되어 있습니다.

---

14. 영어 이름인 Planned Parenthood는 두 단어가 모두 P로 시작하는 두운을 이루고 있습니다.

이제 나의 개인적인 경험을 예로 들어 보겠습니다. 나는 친구들과 함께 낙태 시술을 받은 여성들을 위한 말벗 전화를 개설했습니다. 그들에게 편견 없이 공감해 주는 사람과 터놓고 대화하는 안전한 공간을 제공하고 싶었거든요. 저희는 '날숨Exhale'이라는 이름으로 캘리포니아에서 비슷한 활동을 하는 단체로부터 영감을 받았습니다. 여러 차례의 긴 회의와 몇 날 며칠 고민한 끝에 우리는 '연결과 숨결Connect and Breath'로 이름을 정했습니다. 발음도 쉽고, 머리글자로 줄이기도 좋고C&B, 기억하기 쉽고, 친근한 인상을 주며, 말벗이 되어 지지를 보낸다는 우리의 핵심 목적을 잘 나타냈기 때문입니다. '낙태에 대한 수치심을 버려라'는 구호는 좋지만 이름으로는 적합하지 않아 훨씬 나은 명칭이지요. 더구나 '연결과 숨쉬기'는 어느 정도는 비밀스러워서 병원 대기실이나 진료실에 홍보물을 내놓기에도 알맞았습니다.

> 여러분의 그룹이나 캠페인의 이름은
> 인식 제고 메시지 전달의 일부입니다.

하지만 더 구체적이고 직접적인 이름이 좋을 때도 있습니다. 제가 설립에 참여한 또 다른 단체는 '경찰 개혁 연합Coalition for Police Reform'이라는 이름을 지었습니다. 이 이름은 명확하고 직접적이며,

우리는
99%

권리

CPR이라는 입에 착 붙는 머리글자로 줄일 수 있습니다. 결정적으로, 우리의 문제의식이 무엇이며 무엇을 달성하고자 하는지가 명확히 드러납니다.

여러분 단체의 이름은 언론이 취재할 경우 가장 집중할 부분이자 다른 사람들에게 여러분의 활동을 소개하는 수단입니다. 좋은 이름을 짓는 것이 활동 자체보다 중요하지는 않지만, 여러분의 활동에 대한 관심을 높이는 데 정말 큰 도움이 됩니다!

기억하기 쉬운 슬로건

광고업체들은 통통 튀는 시엠송과 귀에 쏙 박힐 문구를 매우 중시합니다. 기업들은 소비자들의 마음속에 각인될 메시지를 개발하는데 수천억 원을 투자합니다. '사랑해요I'm lovin' it-맥도날드', '다르게 생각하라Think different-애플', '당신은 소중하니까요Because you're worth it-로레알' 등을 예로 들 수 있습니다. 하지만 걱정하지 마세요. 한 푼 들이지 않고도 미디어와 잠재적 지지자, 캠페인 대상의 관심을 끌 잊지 못할 사회운동 슬로건을 만들 수 있으니까요.

마케팅 이론 중에는 '다섯 번의 노출'혹은 세 번이나 여덟 번—정확한 횟수에 대해서는 다양한 의견이 있습니다.이라는 이론이 있습니다. 간단히 말하면, 평균적인 사람이 어떤 메시지를 충분히 인지하기 위해서는 혹은 존재한다는 것 자체를 알기 위해서는 해당 메시지에 다섯 번은 노출되어야 한다는 이론입니다.

여러분이 미처 깨닫지 못했을지 모르지만, 이 마케팅 전략이 실행되고 있는 것을 실제로 본 적이 틀림없이 있을 것입니다. 예를 들어, 특정 기업이 새로운 맛의 탄산음료를 출시한다고 가정해 봅시다. 기업에서는 잠재적 구매자에게 다양한 방법으로 다가가는 광고 캠페인을 벌일 것입니다. 광고의 대상인 여러분은……

- 가장 좋아하는 텔레비전 프로그램 중간에 웃긴 광고를 접하고첫 번째 노출
- 인터넷 검색을 하는 동안 영상 광고를 접하고두 번째 노출
- 인스타그램 피드를 내리면서 협찬 광고를 접하고세 번째 노출
- 가장 좋아하는 블로그에서 배너 광고를 보게 될 것입니다네 번째 노출

이 모든 것이 거의 동시에 일어납니다. 그리고 가게에서 새로운 맛을 홍보하는 특별 행사를 보게 되면다섯 번째 노출, '아참, 그렇지. 저 음료수가 맛있다고 들었어.'라고 생각할 것입니다. 그리고 잘하면기업의 입장에서 말이에요. 그 음료수를 사서 마실 것입니다. 이것이 바로 다섯 번의 노출 전략이 작동하는 방식입니다. 교묘하지요?

사회운동 슬로건도 비슷한 방식으로 작동하기도 합니다. 여러분의 메시지 전달 계획의 전부를 차지하지는 않지만, 슬로건은 사람

들에게 여러분의 활동을 알리고 나중에 다시 들으면 기억을 떠올릴 수 있도록 도와줍니다. 그렇다면 슬로건을 어떻게 만들어야 할까요? 나이키가 말하듯이, '그냥 하면 됩니다Just do it'.

더 효과적인 슬로건을 만들고 싶으면, 다음 조건을 갖추어야 합니다.

- **짧다** 최대한 대여섯 단어를 넘지 않아야 합니다. 여러분의 사안에 대한 자세한 메시지 전달은 나중에 설득 단계에서 할 수 있습니다.
- **기억하기 쉽다** 읽기에, 이해하기에, 기억하기에 쉬워야 합니다.
- **구체적이다** 일반적인 말, 애매한 표현, 전문적인 영어를 피하세요.
- **강렬하다** 감정을 불러일으키고 행동을 촉구합니다. 다소 자극적인 표현을 사용해도 괜찮습니다!

슬로건에 관한 추가적인 '꿀팁' 두 개.

- 좋은 슬로건 후보가 떠오르면, 좋은 구호로 사용할 수 있는지도 생각해 보세요. 소리 내어 읽어 보세요. 슬로건이 구호와 똑같을 필요는 없지만, 좋은 구호는 큰 소리로 말하기 쉽고 자연스러운 음운을 가지고 있을 거예요. 슬로건 역시 그런 장점이 있으면 좋습니다.

- 그다음에는 좋은 해시태그로 사용할 수 있는지 생각해 보세요. 반드시 해시태그로 사용할 필요는 없지만, 좋은 슬로건은 좋은 해시태그와 마찬가지로 읽기 쉽고 기억에 남습니다.

사례 연구: #흑인들의생명도소중하다

최근 몇 년 사이에 가장 강렬했던 사회운동 슬로건은 의심의 여지 없이 '#흑인들의생명도소중하다'입니다. 이 슬로건은 세 명의 성 소수자 흑인 여성인 앨리사 가르자, 파트리세 컬러스, 오팔 토메티가 만들었습니다. 그들은 '#흑인들의생명도소중하다'를 '순간(moment)'이 아닌 운동(movement)'으로 정의했는데, 이는 일회성 집회나 단일 이슈 이상이라는 의미입니다. 지속적인 변화를 만들고 모든 흑인의 권리와 존엄성을 요구하는 운동이었지요.
'#흑인들의생명도소중하다'는 해시태그로도 사용되었습니다. 미국 전역에서 벌어진 시위에서 구호로 울려 퍼지기도 했지요. 미국 전역에 지부를 둔 전국적인 조직의 이름이기도 합니다. '#흑인들의생명도소중하다'는 전 세계적으로 행동을 불러일으키고, 언론과 정치인들의 관심을 끌었으며, 경찰의 폭력적인 진압과 흑인의 죽음에 대한 저항 모습을 바꾸어 놓은 성공적인 슬로건이었습니다.

그런데 어떻게?

사회운동이 내거는 대의명분이 항상 이해하기 쉬운 것만은 아닙니다. 복잡한 정치적 사안이거나, 평범한 사람은 들어 본 적 없는 용어가 많이 등장한다거나, 사람들이 아예 그 문제에 관심이 없을 수도 있습니다.

여러분이 할 일은
메시지를 짧고 간단하고 분명하게 만드는 것입니다.

몇 년 전에 나는 '환자 보호 및 부담 적정 보험법'의 통과를 지지하기 위한 세력을 조직하고 있었습니다. 이때 사람들은 이 법이 어떻게 자신들에게 도움이 될지는커녕, 이 법이 무엇인지 자체를 이해하기도 힘들었습니다. 의료 서비스 시장은 워낙 복잡하고 혼란스러울 뿐 아니라, 당시 이 법이 서로 다른 네 개의 이름으로 불리고 있었기 때문입니다. 환자 보호 및 부담 적정 보험법실제 이름, 부담 적정 보험법줄인 이름, ACA머리글자 줄임말, 오바마 케어별칭. 이 네 개가 모두 같은 법을 가리키는 이름이었지요. 사람들이 법의 명칭을 이해하는 데만도 애를 먹는 상황에서 무엇에 대한 법안이고, 어떤 이점이 있는지 설명하기란 참으로 어려웠습니다.

어떤 사안에 대해 캠페인을 벌이든, 사람들이 쉽게 이해하고 기억할 수 있도록 큰 개념들을 짧고 이해하기 쉬운 어구로 쪼개서 표현해야 합니다. 이 말은 얼핏 생각하면 직관과 어긋나게 들릴 수 있습니다. 흔히 어렵고 과학적인 용어가 깊은 인상을 준다고 생각하기 때문입니다. 하지만 그런 용어가 인상적인 진짜 이유는 사람들이 그것을 잘 이해하지 못하기 때문입니다.

고통스러워하지agonize 말고, 조직화하라orgnize
- 플로린스 케네디, 흑인 변호사이자 사회운동가

- **용어를 정의하라.** 여러분이 다루는 사안이나 운동에서 특수하게 사용되는 용어나 줄임말을 쓰는 경우에는 일단 용어의 의미를 명확하게 정의해 주어야 합니다.

"안녕하세요, 저희는 보건소에서 LARC 피임법에 대한 접근성을 높이기 위해 노력하고 있습니다. LARC란, 장기간 효력이 있는 가역적 피임법long-range acting reversible contraceptives의 줄임말로, 수년간 효과가 유지되고 계획되지 않은 임신을 방지하는 데 가장 효과적인 것으로 증명된 안전하고 편리한 피임법입니다."

- **평범한 말을 사용하라.** 지금 여러분은 대학 입학 자격시험의 어휘 영역 실력을 자랑하거나 법률 용어와 기술 용어를 사용할 때가 아닙니다. 여러분이 다루는 쟁점을 이해하기 쉽게 말해야 합니다. 그래야 사람들이 더 쉽게 여러분의 말에 공감하고 행동에 나서기로 마음먹을 수 있습니다.

"저는 우리 도시를 이민자 보호 도시로 만드는 것에 대해 말하려고 이 자리에 섰습니다. 이민자들이 환영받고 정부 당국에 고발당하는 두려움 없이 살아 갈 수 있는 그런 도시 말입니다."

- **비유·은유·예시를 사용하라.** 어떤 쟁점을 설명할 때 피부에 와 닿는 언어를 사용하는 것은 복잡하고 추상적인 언어를 현실적으로 다가오게 하는 효과가 있습니다.

  "차별 반대법은 우리 주에 사는 성 소수자들이 직장에서 안전하다고 느끼는 것을 막는 장벽을 부수고, 성 소수자들에게 우호적인 회사 규칙의 중요성을 불 보듯 뻔하게 보여 줄 것입니다."

설득을 위한 메시지

메시지 전달의 두 번째 단계는 설득입니다. 사람들이 여러분이 다루는 주제가 무엇인지 알았으니, 이제 그것이 왜 중요한지 이해시킬 차례입니다. 일단은 여러 개념과 용어를 알기 쉽게 설명하는 것이 중요합니다. 그 일이 끝나면, 설득을 위한 메시지 전달 토대를 마련한 셈입니다. 구체적인 사례나 통계를 이용하는 전략은 복잡한 사안을 더 공감하기 쉽고 피부로 와닿게 해 줍니다. 이 단계에서 이야기를 듣는 사람들은 일종의 증거, 즉 세부사항, 통계, 정보 등을 원할 것입니다. 즉석에서 파워포인트 프레젠테이션까지 할 필요는 없지만, 사전에 말할 내용을 준비해 둘 필요는 있습니다.

핵심 논점 메모

시위에서 연설하거나 특정 대상과 대화하거나 청원을 위한 글 쓰기를 하거나 그 밖에 어떤 일을 하든, 몇 가지 주요 논점을 미리 적어 둘 필요가 있습니다. 잊지 말고 꼭 언급해야 할 축약된 메시지나 강경한 발언 등을 적어 놓는 것입니다.

왜 이런 일을 해야 할까요? 여러분은 언젠가 한번쯤 친한 친구나 부모님과 소리를 지르며 다퉈 본 적이 있을 거예요. 그때 아마도 의도하지 않은 말을 하거나, 너무 당황해 말문이 막혀 하고 싶은 말을 제대로 못 했을 거예요.

그것은 여러분이 반응 작용을 보였기 때문입니다. 즉, 여러분이 하고 싶은 말을 하기보다는 상대방이 하는 말에 반응했던 것입니다. 반응하는 입장이 되면, 대화또는 고성의 싸움를 이끌지 못하고 끌려가게 됩니다. 논점을 미리 적어 두면, 상대방이 어떤 말을 꺼내더라도 여러분이 하고 싶은 말을 미리 알고 있기 때문에 대화를 주도할 수 있습니다. 그리고 바로 이것이 상대방을 설득하는 방법입니다!

논점을 잘 기억하면 횡설수설하거나 주제에서 벗어나거나 애초에 말을 하게 된 동기나 목표에서 멀어지는 것을 막을 수 있습니다. 이것은 취재기자가 여러분이 실수하기를 바라거나 논란을 불러 일으킬 만한 말을 유도하려고 할 때, 정치인이 여러분의 질문에 답하는 것을 피하려고 여러분으로 하여금 주제에서 벗어나게 만들려고 할 때, 또는 토론 상대가 여러분을 자극하여 토론에서 이기려고 할 때 특히 도움이 됩니다.

설득력이 높은 논점을 만드는 핵심 비법은 메시지를 머릿속에서 미리 구상해 보는 것입니다. 이 대목에서 내가 대학생 때 문예 창작 수업에서 배운 것을 말하는 게 좋겠습니다. '말하려고 하지 말고 보여 주어라'. 문예 창작에서 이 말은 독자에게 단순히 이야기를 서술하기보다는 독자가 이야기를 경험하도록 해야 한다는 뜻입니다. 어떤 것이 중요한 이유를 말하는 것은 괜찮지만, 그것만으로는 공감을 끌어낼 수 없습니다. 왜 중요한지를 보여 주면, 사람들은 상상하고 분석한 뒤, 스스로 결론을 내립니다. 다음 페이지에 있는 두 가지 예를 보세요.

말하기 ← 대 → 보여 주기

"안녕하세요?
생식권에 관한 청원에
서명해 주시겠습니까?
아주 중요한 문제입니다!"

"안녕하세요?
정부가 여성의 피임할 자유를 막지 못하도록
하는 청원에 서명해 주시겠습니까?
피임은 미국 여성의 99%가 생애 중
한 번은 사용하는
기본적인 예방의학입니다.
피임을 지킬 수 있도록 1분만 투자해서
청원에 서명해 주시겠어요?"

"저는 교육청이
학교 안에서
트랜스젠더와 젠더 비
이분법적 정체성을 가진
학생들을 지지하고 보호하기
위한 정책을 도입할 것을
촉구하고 있습니다.
이것은 정당한 일입니다."

"저는 교육청이 학교 안에서
트랜스젠더와 젠더 비이분법적 정체성을
가진 학생들을 지지하고 보호하기 위한
정책을 도입할 것을 촉구하고 있습니다.
'게이·레즈비언·이성애자 교육 네트워크'에
따르면, 성전환자 학생의 75%가 교내에서
안전하지 않다고 느낀다고 합니다.
그리고 시스젠더 학생들보다 성적이
현저하게 나쁘고, 안전에 대한 우려 때문에
학교를 결석할 가능성이 더 크다고 합니다.
꼭 동참해 주셨으면 해요.
옳은 일일 뿐만 아니라,
트랜스젠더 학생들도 평등한 교육 기회를
누릴 자격이 있으니까요."

'말하기'와 '보여 주기'의 차이가 느껴지나요? 누군가에게 현실을 보여 주는 것은 그들이 스스로 마음을 정할 수 있게 도와주는 것과 같습니다. 여러분과 뜻이 같은 쪽으로 결론이 나면 더욱더 좋고요. 이에 비해 말하는 것은 그저 여러분과 똑같은 생각을 하라고 강요하는 셈입니다. 사람의 마음을 통제하는 초능력이 없다면 효과를 거두기 어렵지요.

그렇다면 특정 사안이 중요하다는 것을 어떻게 '보여 줄' 수 있을까요? 여러 요소가 필요하기는 하지만 충분히 쓸 수 있는 다음과 같은 방법이 있습니다.

- **핵심 메시지** 사람들에게 꼭 들려주고 싶은 두세 개의 핵심 메시지가 무엇인지 생각하세요. 짧고 간단한 메시지여야 합니다. 쉬운 표현을 사용하고, 각각의 메시지에 각기 다른 논점을 담으세요.
- **사실과 논리** 여러분의 주장을 뒷받침할 수치와 통계는 어떤 것이 있을까요? 사실은 여러분의 주장에 신뢰감을 부여하고 여러분의 메시지가 진실과 논리에 바탕을 두고 있음을 보여 줍니다. 그렇지만 사실만을 제시하는 것은 지루할 수 있고, 사람들이 사안의 중요성을 '피부로 느끼지' 못할 수 있습니다. 메시지를 가장 효율적으로 전달하기 위해서는 사실과 함께 도덕

적 가치에 대해서도 같이 이야기해야 합니다.

- **가치** 여러분이 벌이는 캠페인의 핵심 가치는 무엇이며, 대부분의 사람이 중시하는 가치에 어떻게 부합합니까? 메시지 속에 담는 긍정적인 가치는 사람들의 힘을 북돋웁니다. 가치는 보편적인 경향을 보이기 때문에 사람들을 설득할 때 큰 도움이 됩니다. 가치의 예로는 자유, 정의, 공평, 진실, 행복, 솔직함, 평등 등이 있습니다. 여러분의 캠페인이 어떤 한 가치, 또는 여러 개의 가치와 연결되는지 말하세요.

- **이야기** 마지막으로 본 슬픈 바이럴 영상을 떠올려 보세요. 아마도 사람이나 동물에 관한 것이고, 그들에게 일어난 일에 초점을 맞춘 영상일 확률이 높을 거예요. 이야기는 여러분의 메시지에 감동을 더하고 여러분의 활동에 대한 공감과 행동을 불러일으킵니다. 여러분이 다루는 사안이나 문제가 실제로 사람들에게 어떤 영향을 끼치나요? 사람들은 구체적으로 어떤 경험을 가지고 있나요? 만약 여러분이 같은 것을 직접 경험했다면, 구체적으로 어떤 사연인가요? 여러분의 캠페인이 성공하면 해당 사안에 영향을 받는 사람들의 삶이 어떻게 나아질까요?

메시지 삼각형

메시지 삼각형은 원래는 상업적인 용도로 쓰는 기법입니다. 영업 사원이나 연설가 같은 사람이 '설득의 기술'로 사용하기 위해 개발 했지요. 하지만 사회운동가와 조직가 또한 유용하게 사용할 수 있습니다. 우리도 무엇인가를 팔고 있는 셈이니까요. 네일 랩이나 레 깅스를 파는 것은 아니지만, 우리의 취지에 공감하고 요구를 수용 하고 지금 당장 행동에 나설 동기를 판매하고 있다고 볼 수 있죠.

왜 삼각형일까요? 대부분의 사람은 메시지가 세 개가 넘어가면 뇌에 과부하가 걸리기 때문입니다. 따라서 메시지 삼각형은 청중 을 피곤하지 않게 하면서도 최대한 많은 정보를 전달하는 전략입 니다. 세 가지 중 아무 때나 자유롭게 논점을 옮겨 다닐 수 있습니 다. 이것은 연설이나 언론 인터뷰를 할 때 특히 도움이 됩니다. 우 리가 실제로 자연스럽게 이야기할 때도 그런 모습을 보이기 때문입 니다.

메시지 삼각형은 다음과 같이 작동합니다. 핵심 메시지가 삼각 형의 중앙에 오고, 세 개의 대표 메시지가 삼각형의 세 변에 각각 위치합니다. 대표 메시지는 간결해야 합니다. 쉬운 단어들로 구성 된 한 문장을 써야 합니다. 각 대표 메시지 아래 주장을 뒷받침하 는 근거·이야기·예시·메시지 등을 적으세요.

나는 단순한 목록보다 메시지 삼각형을 선호합니다. 단순한 목록은 논점에 특정한 순서가 있고 맨 위에 있는 것이 가장 중요한 것처럼 보이기 때문입니다. 하지만 실제 상황에서는 논점이 그 순서대로 사용되지 않습니다. 누군가 목록을 읊고 있다고 상상해 보세요! 사람들은 틀림없이 머리가 멍해질 거예요. 단순한 나열식 목록과 달리 삼각형은 서로 연결된 세 개의 동등한 변으로 구성되어 있습니다. 메시지 삼각형을 이용해 여러분의 사안에 대해 말하는 연습을 해 보세요.

동원을 위한 메시지

사람들이 특정 문제를 인식하고, 그 문제가 중요하다는 사실을 깨달았다면, 이제 동원할 시간입니다. 즉, 여러분의 목표에 다가가기 위해 필요한 일을 사람들이 나서서 하도록 촉구해야 합니다.

행동 촉구

어떤 사람이 어떤 사안에 대해 아무리 아는 것이 많고 큰 열정을 느끼더라도 구체적으로 무엇을 해야 하는지 모른다면, 별 의미가 없을 것입니다. 사회운동을 조직하는 사람으로서 여러분이 할 마지막 역할은 지지자들이 인식을 제고하고 설득 메시지를 통해 느낀 분노와 열정을 구체적이고 현실적인 행동으로 전환할 수 있도록 돕는 일입니다.

끔찍한 일에 대한 기사를 읽고 '최악이다. 내가 뭔가를 할 수 있으면 좋을 텐데.'라는 생각을 해 본 적 있지요? 변화를 이루기 위해 무엇을 해야 할지 모르면, 사람들은 무력감을 느낍니다. 사람들은 행동 촉구를 원합니다. 뭔가 할 일을 주는 것은, 설사 그 일이 아무리 사소하더라도 사람들에게 힘이 솟게 하는 긍정적인 효과가 있습니다. 또한 여러분의 풀뿌리 권력을 키우는 데도 도움이 됩니다.

슬로건이나 메시지 삼각형과 마찬가지로 행동 촉구 전술은 상업적인 용도로 시작되었습니다. 여러분은 이런 마케팅 메시지를 늘 접합니다. "무료로 회원가입을 하세요"나 "이메일 수신 목록에 등록하세요", "지금 당장 구매하세요". 이런 광고들은 모두 행동을 촉구하는 메시지입니다. 다른 점은 우리는 사회 정의를 판매하고 있다는 점뿐입니다. 행동 촉구는 누군가에게 무엇인가를 하라고 직설적으로 요청하는 것입니다. 간결하고 좋은 예 몇 개를 제시합니다.

- 정치인에게 정책 도입을 촉구하는 전화를 하세요
- 청원에 서명하세요
- 소셜미디어에서 메시지를 공유하거나 리트윗하세요
- 자원봉사에 참여하세요

- 이메일 수신 목록에 등록하세요
- 행사에 참석하세요

행동 촉구 메시지는 직접적이고 구체적이며 짧아야 합니다. "소녀들을 지지하고 우리가 목소리를 낼 수 있도록 청원서에 서명해 주셔서 우리의 목표 달성을 도와주세요."와 같이 너무 길면 사람들은 관심을 완전히 잃을 수 있습니다.

행동 촉구 메시지는 또한 종합적이어야 합니다. 즉, 바로 행동에 나서기 위해 필요한 모든 정보를 담고 있어야 하지요. 예를 들면, 전화를 거는 행동을 촉구하는 경우에는 통화 대본과 전화번호, 행사에 참여하는 데 필요한 정보, 자원봉사 신청을 할 때 필요한 연락처 등, 시간이 얼마나 걸리는지도 알려 주는 것이 좋습니다. "딱 2분만 투자해서 이 게시물을 인스타그램과 트위터에 공유해 줄 수 있나요?" 설마 2분의 시간도 낼 수 없는 사람은 없겠지요?

왜 시급하게 행동에 나서야 하는지를 알리기 위해 전에 발표했던 인식 제고 메시지나 설득 메시지를 다시 볼 수 있도록 하는 장치를 마련하는 것도 좋습니다.

지금까지 말한 모든 요소가 잘 담긴 보기가 아래에 있습니다.

콘돔 쉽게 구하기 프로그램은 학교에서 학생들에게 무료나 적은 비용으로 콘돔을 제공하는 프로그램으로(인식 제고), 오래전부터 시행되어 왔습니다.(인식 제고). 이 프로그램은 원하지 않는 임신과 성병을 예방하는 데 매우 효과적입니다(설득). 대다수의 청소년은 콘돔을 쉽게 구할 수 없다고 말합니다. 그리고 여러 연구에 따르면, 피임을 포함해 성 건강과 관련된 서비스가 무료료 제공되고 비밀 유지가 보장되면 청소년들이 더 안전한 생활을 하는 것으로 밝혀졌습니다(설득). 지금 1분을 투자해서 교육 위원회가 콘돔 쉽게 구하기 프로그램에 찬성표를 던지도록 촉구하는 청원에 서명해 주실 수 있을까요?(동원)

사회적 압력

사회적 압력은 '또래 압력'과 비슷합니다. 하지만 여기에서 말하는 또래 압력은 반 친구에게 땡땡이를 치자고 압력을 가하는 것과는 달리 좋은 의미입니다. 물론 여러분이 항의 퇴장 행동을 구상하고 있다면, 땡땡이를 치자는 압력도 좋은 의미겠지만요.

사회적 압력 전술은 사람들의 '고립 공포심'을 자극합니다. 맞아요. 죄책감을 자극해서 사람들이 올바른 일을 하도록 만드는 방법입니다. 다시 한번 말하지만, 악랄하거나 나쁜 의미는 아닙니다. 사회적 압력이 투표율을 높이는 데 매우 효과적이라는 것이 여러 연구를 통해 입증되었습니다. 캘리포니아 대학 연구진과 페이스북이 함께 행한 2010년 연구 결과에 따르면, 페이스북 이용자들에게 투표 독려 메시지와 함께 투표를 마친 친구들의 사진을 보여 주는 것이 단순히 투표 정보를 올리는 것보다 더 효과적이었습니다. 친구들이 투표한 모습을 보면 일종의 고립 공포심이 들어서 투표 인증 셀카 파티에 참여하고 싶은 마음이 드는 것입니다!

죄책감과 책임감을 이용해 사람들이 행동에 나서도록 동기 부여를 하는 또 다른 방법이 있습니다. 이 방법은 조금 가혹한 것처럼 보이지만, 그렇게 악한 것은 아닙니다. 미국정치학회에서 실시한 투표에 관한 연구에 따르면, 사람들은 이웃들에게 투표 이력, 누구에게 투표했는지가 아니라 투표를 했는지 여부를 공개하겠다고 위협하는 우편물을 받는 경우에 투표에 참여할 확률이 더 높아지는 것으로 나타났습니다. 이웃을 협박하는 방법을 추천하는 것은 아니지만, 사회적 압력은 사람들을 동원하는 데 효과적일 수 있습니다. "모두 오늘 밤 시위에 참여한대! 너도 올거지?"라는 말이 "온다는 사람이 별로 없으니까 넌 꼭 와야 해!"라는 말보다 효과적입니다. 아무도 참석하지 않는 파티에 누가 가고 싶겠어요?

사회적 압력은 온라인뿐만 아니라 현실에서도 효과적입니다. 혹시 여러분 학교 졸업파티에서 마약이나 술을 먹지 않겠다는 약속을 받는 캠페인을 벌인 적이 있나요? 그것 또한 사회적 압력 캠페인입니다. 사람들에게 사회운동 활동을 하겠다거나 로비 방문에 동행하겠다거나 캠페인 팀에 참여하겠다는 서약을 받는 일을 해 보는 건 어때요?

미디어를 이용하는 데도 전략이 필요해요

캠페인을 위한 메시지 유형을 하나하나 살펴보았으니, 이제 세상에 여러분의 메시지를 알릴 차례입니다. 미디어 전략은 여러분의 캠페인 계획에 추가하면 정말로 도움이 되는 전략입니다. 왜냐고요? 미디어는 수많은 사람에게 다가가 여러분의 운동 취지에 동참하게 할 힘을 가지고 있기 때문입니다.

'미디어'라는 말은 예전에는 신문과 잡지, 텔레비전 프로그램을 의미했습니다. 하지만 오늘날에는 블로그, 온라인 잡지, 동영상, 소셜미디어 등을 모두 포함하는 거대한 세계를 가리키는 말이 되었습니다. 사람들의 관심을 끈다는 본질은 변하지 않지만 예전에 비해 속도가 훨씬 빨라지고 규모가 커졌지요. 페이스북 생방송 영상은 순식간에 인터넷에 퍼질 수 있습니다. 주류 언론 매체 역시 기삿거리를 찾기 위해 소셜미디어를 꼼꼼히 살피는 경우가 많습니다. 시골 고등학교에서 일어난 일이 하룻밤 사이에 전국적인 뉴스거리가 될 수 있습니다.

미디어와 효과적으로 소통하는 것은
캠페인의 성공을 위한 핵심 요소입니다.

더 좋은 점은, 여러분 자신이 매체가 될 수도 있다는 사실입니다. 이것은 예전에는 상상도 할 수 없었던 방법입니다. 페이스북이나 텀블러, 트위터, 인스타그램 계정이 있나요? 그렇다면 여러분은 이미 미디어 콘텐츠 창작자라고 할 수 있습니다!

캠페인을 계획할 때, 미디어를 어떻게 이용할지도 생각하세요. 기자 회견을 개최할 예정이라면, 주말이나 밤늦은 시간처럼 언론 매체들이 참석하기 어려운 시간은 피하세요. 기자들에게 미리 기자회견을 알리고, 그들의 관심을 끌 수 있는 효과적인 '낚싯밥'을 생각해 보세요. 미디어와 관련해 여러분이 가장 주목할 사실은, 미디어는 여러분이 진행하는 캠페인 대상인 대중의 마음을 움직일 수단이라는 점입니다.

다음에 설명할 세 종류의 미디어는 모두 '노출'이 가능합니다. 노출은 미디어에 보도된다는 뜻으로, 여러분의 경우는 여러분과 여러분의 사회운동이 미디어에 보도되는 것이 노출되는 것입니다.

- **평가 미디어** 여러분의 이야기를 무료로 다루어 주는 미디어는 모두 평가 미디어입니다. 블로그, 신문, 텔레비전과 라디오 방송국 등이 대표적입니다. 평가 미디어의 자료는 소셜미디어에서 공유하고 리트윗할 수 있습니다. 평가 미디어는 누구나 비용을 따로 지불하지 않고 사용할 수 있습니다. 사람들이 '미디어'라고 말할 때는 흔히 평가 미디어를 가리킵니다.
- **소유 미디어** 여러분이 직접 창조한 미디어를 뜻합니다. 여러분의 소셜미디어 계정, 여러분이 만든 그래픽이나 동영상, 여러분 자신의 홈페이지나 블로그가 이에 해당합니다.
- **판매 미디어** 광고, 유료 협찬, 글을 작성한 사람에게 돈을 주는 블로그처럼 돈을 내고 이용하는 미디어입니다.

세 가지 유형의 미디어를 여러분의 캠페인에 활용할 방법을 알아보기 위해 좀 더 깊이 들어가 보겠습니다.

평가 미디어 공략법

미디어의 관심을 끄는 방법은 무척 다양하지만, 먼저 여러분이 벌이는 캠페인 목표와 그 목표를 달성하기 위한 미디어 전략부터 살펴보겠습니다.

보도 자료와 예고문 배포

보도 자료는 미디어에 제공할 목적으로 세상에 알릴 만한 가치가 있는 내용을 정리한 문서입니다. 보도할 만한 가치가 있다고 평가받으면 그 내용은 곧바로 매스컴에 노출됩니다. 분량은 대개 두 쪽 이하입니다. 여러분의 캠페인이 무엇에 대한 것인지, 그것이 왜 중요한지 자료를 만드세요. 작성 요령을 배우고 싶으면 다음 페이지에 있는 예시를 보세요.

예고문은 앞으로 있을 행사나 기자 회견을 미리 알리는 글입니다. 대개 분량이 짧고, 핵심 정보만 담습니다. 하지만 미디어에 다가가는 이런 전통적인 방식은 끊임없이 변하고 있습니다. 이런 자료는 이메일로 보내는 것이 가장 좋지만, 소셜미디어 계정을 통해 바로 메시지를 보내는 것도 좋은 방법입니다.

보도 자료 예시

보도 자료는 항상 네 가지 요소를 갖추어야 합니다. 눈길을 끄는 제목, 연락처, 정보를 제공하고 흥미로운 첫 문단, 그리고 더 자세한 내용을 담은 몇 개의 문단. 아래의 예시를 보세요.

즉시 보도 요망
작성자: 이름
02(지역 번호)-0000-0000(전화번호)
you@girlsresist.com(이메일 주소).

세계 소녀의 날을 맞아
소녀들이 자신들의 권리를 주장하며 워싱턴에서 행진하다

2018년 10월 10일, 워싱턴—10월 11일 낮 12시, 세계 소녀의 날을 맞아 전국 각지에서 모인 수천 명의 소녀가 내셔널 몰 앞에 집결할 예정이다. 소녀 사회운동가들이 계획하고 주도한 이번 행사는 미국 역사상 최대 규모의 청소년 행진이 될 것이다.

세계 소녀의 날은 2012년에 유엔이 지정한 전 세계적인 기념일로, 소녀 사회운동가들은 이날 한자리에 모여 소녀 저항운동의 힘을 과시하고 소녀를 비롯해 모든 청소년을 위한 더 나은 미래를 요구할 것이다. 행진을 기획한 조직위원회 위원 [여러분의 이름]은 세계 소녀의 날 행진이 '소녀들은 강하고 똑똑하고 강력하며, 전 세계 모든 사람의 평등이 보장되지 않는 한 결코 멈추지 않을 것임을 보여 주기 위한 행사'라고 말했다.

신문사에 투고하라

대부분의 신문에는 사설과 독자 의견을 싣는 페이지가 있습니다. 신문 기사는 중립적으로 써야 하지만늘 그런 것 같지는 않게 느껴지더라도, 사설란은 신문 편집자들이 특정 주제에 대해 자신의 의견을 쓸 수 있는 유일한 공간입니다. 이 공간에는 신문 편집자 외에 다른 사람들의 의견이나 독자들이 보낸 편지를 싣기도 합니다. 이 공간을 적극적으로 활용해 보세요!

독자 의견을 써서 신문사에 투고하세요. 지역 신문사에서 청소년의 투고를 받는 경우는 흔치 않을 거예요. '오페드 프로젝트OpEd Project'라는 단체의 조사에 따르면, 사설란과 독자 의견란에 실리는 글은 '주로 서양인, 백인, 중장년, 특권층, 그리고 85%라는 압도적인 비율로 남성'이 쓴 글이라고 합니다. 하지만 여러분의 생각과 지식을 잘 정리한 글을 투고하면 틀림없이 신문 편집자들의 눈에 띌 거예요. 여러분은 신문에 글을 실을 자격이 있습니다. 충분히!

우리는 앞에서 핵심 메시지와 그것을 뒷받침하는 사실·논리·가치·이야기 등을 살펴보았습니다. 이 모든 것이 독자 의견을 쓸 때 좋은 재료가 됩니다. 사설이나 독자 의견은 기본적으로 인식 제고 메시지가 조금 포함된 설득 메시지기 때문입니다. 그리고 기본적으로 글쓴이의 견해를 표현하는 글이기 때문입니다. 따라서 여러분은 이미 가지고 있는 좋은 재료를 바탕으로 말하고 싶은 내용에 집중해서 글을 쓰면 됩니다.

여러 미디어는 '편집자에게 보내는 편지'라는 난을 운영하고 있습니다. 이것을 이용하는 것 또한 종이 매체나 인터넷 매체에 여러분의 운동 취지나 캠페인을 알리는 좋은 수단이 됩니다. '편집자에게 보내는 편지'는 기본 형식과 길이에 제한이 있습니다. 따라서 투고하고자 하는 신문이나 잡지의 홈페이지를 방문해서 지시사항을 확인하는 게 좋습니다. 특히 해당 매체에 실린 기사에 대한 반응인 경우와 지방 신문의 경우 해당 지역 독자가 보낸 편지가 뽑히는 경우가 많습니다. 그러니까 최근에 보도된 주제에 대한 의견을 써서 보내는 것이 좋습니다.

마지막으로, 여러분의 주제가 정말로 뉴스거리가 된다고 생각하면 직접 신문사와 접촉해도 됩니다. 여러분의 캠페인에 대한 정보를 보도 자료처럼 준비한 다음 편집부에 연락해서 직접 만나고 싶다고 해 보세요. 만약 여러분의 주제가 흥미진진하거나 지역사회에 큰 영향을 미치는 사안이라면 신문사 사람과의 만남이 성사될 가능성이 큽니다.

블로거와 독립 미디어

현대사회에서 블로그는 전통적인 언론 매체만큼이나 큰, 어쩌면 그보다 더 큰 영향력이 있습니다.

블로그는 운영자와 독자가 마음대로 게시물을 올릴 수 있기 때문에, 대형 언론 매체에 비해서 아무 이야기나 자유롭게 할 수 있는 면이 있습니다. 최근에는 대형 매체들이 최신 이슈나 유행을 알기 위해 블로그를 읽는 경우도 흔합니다. 따라서 온라인 매체를 통해 캠페인을 알리면 큰 효과를 볼 수 있습니다. 여러분의 이야기를 블로그에 올리거나 특정 블로거에게 보내 보세요. 인터넷을 검색해서 여러분의 관심사와 비슷한 이슈들에 대해 글을 올리는 블로거들을 찾아보세요. 페미니스트 블로그, 10대 소녀 블로그, 사회 정의에 관한 이야기가 많은 블로그 등을 찾으면 도움이 될 거예요.

유명한 블로거들에게 보도 자료 형태로 자료를 주고, 블로그에 글을 올려 달라고 부탁하는 것도 좋은 방법입니다. 사진도 보내세요. 해당 블로그의 독자들을 위해 인터뷰를 할 수도 있다고 말해 보세요. 요즘에는 《허핑턴 포스트》 같은 인터넷 신문이 지방 신문보다 여러 면에서 파급력이 더 큽니다. 특히 여러분의 활동이 전국 단위로 이루어지거나 최근의 사회적 관심사와 잘 맞는다면, 여러분의 이야기가 인터넷 신문에 실리는 것이 훨씬 큰 효과를 발휘합니다. 인터넷에 글을 올리는 것은 돈이 들지도 않고 시간도 별로 들지 않습니다. 그러니까 마음껏 글을 쓰고 올려 보세요!

미디어를 잘 다루는 소녀들을 위한 인터뷰 요령

여러분을 인터뷰해 달라고 요청했는데, 미디어에서 그러겠다고 하면 참 좋은 일입니다. 여러분이 접촉하기도 전에 미디어에서 먼저 인터뷰 요청이 온다면 더욱더 좋은 일이고요. 훌륭합니다! 하지만 이제 인터뷰를 해야 합니다! 으악! 기자나 작가 등과 공식 인터뷰를 할 때 도움이 되는 요령들을 알려 주겠습니다.

어떤 말이든 꼭 하라 영화에서처럼 "노 코멘트"라고 말하지 마세요, 절대로. 그렇게 말하면 기자는 '답변하기를 거부했다'라고 쓸지도 모릅니다. 그렇게 되면 나쁜 인상을 주게 됩니다. 그렇다고 미디어의 모든 요청에 응하라는 말은 아닙니다. 바쁘다고 하거나 시간이 없다고 하거나 해당 질문에 답변하기에 적절한 사람이 아니라고 정중하게 거절하면 됩니다.

철저히 준비하라 인터뷰를 하고 싶다고 기자가 여러분에게 전화할 수도 있습니다. 그런데 만약 여러분이 준비가 안 되어 있다면 기사 마감 전에 다시 연락을 드리겠다고 말하세요. 그렇게 일단 시간을 번 다음, 인터뷰를 완벽하게 준비하는 거예요.

메시지 삼각형을 이용하라 예상치 못한 인터뷰를 하게 되었다면,

인터뷰 전에 미리 생각을 정리하세요.

생방송 인터뷰에 기습당하지 마라 인터뷰가 생방송으로 진행되는지 항상 확인하세요. 인터뷰가 촬영장에서 진행된다면 조금 일찍 가서 정신을 가다듬으세요. 여러분이 있는 곳으로 카메라가 오기로 했다면, 여러분이 편안함을 느끼는 장소나 여러분 뒤로 배경이 조금 나올 수 있는 곳을 찾아 두세요. 대개는 거실이나 부엌, 집 밖, 사무실 같은 곳이 좋습니다.

논점에 집중하라 인터뷰 진행자가 여러분에게 틀린 정보를 말하거나 논쟁적인 질문에 답하도록 유도할 수도 있습니다. 무엇을 말

할 것인지 논점을 확실히 하고, 논점을 뒷받침하는 근거, 전달할 메시지를 외우고 실제로 인터뷰하는 것처럼 연습하세요. 답하고 싶지 않거나 어떻게 답해야 할지 모르는 질문을 받으면 여러분의 핵심 메시지로 다시 돌아올 수 있도록, 잠시 호흡을 고를 때 흔히 쓰는 표현들을 사용해 보세요. 잠시 말을 멈추거나 대화 방향을 돌리거나 주제를 바꾸는 것도 괜찮습니다. 하지만 절대로, 절대로, 절대로, 절대로, 절대로 거짓말은 하지 마세요!

인터뷰 때 논점 이탈을 하지 않기 위해 흔히 쓸 수 있는 표현들
"좋은 질문입니다. 하지만 정말로 중요한 문제는……."
"흔히 그렇게들 오해합니다. 하지만 실제로는……."
"기억해야 할 가장 중요한 일은……."
"여기에서 더 큰 문제는……."
"그 말씀을 들으니 떠오르는 것이……."
"무슨 말씀인지는 알겠지만……."

소유 미디어 공략법

소유 미디어의 가장 큰 장점은 여러분 스스로 메시지를 통제하고 관리할 수 있다는 점입니다. 한 사람이 소유하는 사적인 미디어의 목적은 전통적인 미디어와 함께 일했을 때의 목적과 크게 다르지 않습니다. 하지만 훨씬 자유롭게 움직일 수 있습니다.

여성들은 예전부터 아무도 우리의 이야기를 다루어 주지 않거나 목소리를 묵살할 때 스스로 미디어를 만들었습니다. 1848년에 일단의 여성들이 뉴욕주의 세네카 폴스에서 최초로 여성 권리를 위한 모임을 열었습니다. 모임을 주최한 여성들은 미국의 독립 선언문을 본떠서 만든 여성 평등을 위한 선언인 감성 선언문 Declaration of Sentiments을 발표했습니다. 당시로서는 놀라울 정도로 도발적인 내용을 담은 이 선언문은 미국 전역에 전파된 최초의 페미니스트 문서라고 할 수 있습니다. 1972년에는 글로리아 스타이넘을 비롯한 한 무리의 여성들이 미디어 업계의 가부장적 문화에 분노해 역사상 처음으로 여성들끼리만 글을 쓰고, 운영하는 잡지인 《미즈Ms.》를 창간했습니다.

그 뒤로 종이 매체와 온라인 매체를 가리지 않고 여성이 만드는 수천 개의 미디어가 생겨났습니다. 하지만 미디어 업계는 여전히 남성 중심적이고, 여성을 비롯한 소외된 집단이 서로서로 정보와 뉴스를 공유할 자신들만의 방법을 만드는 일은 계속되고 있습니다.

소유 미디어를 새로 만들고 싶을 때, 가장 쉬운 방법은 소셜미디어를 이용하는 것입니다. 페이스북이나 텀블러, 핀터레스트의 게시물은 단 몇 분 만에 인기를 얻을 수 있습니다. 여러분의 캠페인으로 연결되는 사진이나 그래픽을 올려서 노출 확률을 높여 보세요. 소유 미디어는 나중에 평가 미디어로 변신하기도 합니다. 소유 미디어를 만드는 방법에는 다음과 같은 것들이 있습니다.

캠페인 웹사이트 워드프레스나 블로거 같은 사용자 친화적인 플랫폼을 이용해서 무료로 웹페이지를 만드세요. 네이션빌더처럼 사회운동가와 비영리 단체를 위해 특수하게 설계된 플랫폼을 제공하는 회사도 있습니다. 이런 플랫폼들은 기부·청원·행사 주최 등을 할 때 편리하게 쓸 수 있는 위젯이 있지만, 이용료를 내야 하는 경우도 있습니다.

캠페인 전용 계정 브랜드의 일관성을 유지하기 위해 계정 이름아이디을 통일할 필요가 있습니다. 예를 들어 트위터 계정이 @girlsresistandpersist이면, 페이스북 페이지 주소는 facebook.com/girlsresistandpersist로, 유튜브 주소는 youtube.com/girlsresistandpersist로 통일하는 것이 좋습니다.

팟캐스트 웬만한 성능의 마이크와 간단한 음성 편집 소프트웨어만 있으면 누구나 시작할 수 있습니다.

이메일로 소식지 발송하기 조금 오래된 방식이라고 할 수도 있지만, 아주 쉽고 간단한 방법입니다. 지지자들의 이메일 주소를 수집해서 여러분의 캠페인 진행 상황과 관련된 정보를 공유하고 최근에 있었던 일들을 알리세요. 특히 여러분의 캠페인의 규모가 커지는 상황에서는 더욱더 유용한 소통 수단이 됩니다.

블로그 여러분의 캠페인에 대해 누가 여러분보다 글을 더 잘 쓸수 있겠어요? 블로그에 이슈들에 대한 의견을 쓰세요. 소셜미디어, 다른 블로그나 사이트를 통해 여러분의 글을 널리 퍼트리세요.

인식 제고, 설득, 동원 메시지에 관한 여러분의 지식을 소셜미디어와 온라인 매체를 통한 표현에 적용해서 공유하기 쉬운 콘텐츠를 제작해 보세요. 아래 보기와 같이 우리가 지금까지 배운 메시지의 유형들을 혼합한 트윗을 작성해 보세요.

> 아시나요? 트랜스젠더 학생 4명 중 3명은 학교에서 자신이 안전하지 않다고 느낍니다. 이런 일이 계속되게 할 수는 없습니다! 트랜스젠더 학생들을 위해 교육 위원회에 청원해 주세요! 다음 링크를 누르면 됩니다! http://여러분의링크(인식 제고, 설득, 행동 촉구를 통한 동원)

라이엇 걸과 진

진[14]은 대개 손으로 직접 제작하고 분량과 발행 부수가 적은 독립 출판물을 가리키는 용어입니다. 복사기의 등장과 함께 페미니스트 사회운동가들과 예술가들은 정보를 퍼뜨리고 인식을 제고하고 변화를 끌어내기 위해 작은 책자, 즉 진을 사용했습니다. 1990년대에 '라이엇 걸'이라는 이름으로 새로운 여성 운동이 시작되었고 그 결과로 새로운 언더그라운드 펑크 록 장르가 출현했습니다. 가부장적인 사회와 남성 중심적인 펑크 음악계에 정면으로 맞서는, 여성으로만 구성된 밴드의 출현과 함께 페미니즘 정치와 펑크 정치를 결합한 언더그라운드 펑크 운동이 전개되었습니다. 비키니 킬, 슬리터 키니, 세븐 이어 비치 같은 밴드들이 잇따라 나와 여성도 남성과 마찬가지로 소리를 지르며 자신을 표현할 수 있다는 음악 중심의 페미니스트 저항을 주도했습니다. 그리고 성추행, 여성에 대한 폭력, 인종차별, 성차별, 동성애 혐오, 성적 대상화 같은, 우리에게 중요한 문제에 대해 소리를 질렀습니다.

진은 펑크 하위문화를 상징하는 요소였고, '라이엇 걸' 운동에서 큰 역할을 담당했습니다. '라이엇 걸'은 영어로 'riot grrrl'인데, 소녀를 뜻하는 단어에 힘을 불어넣고 분노와 강렬함을 표현하기 위해 'girl' 대신에 으르렁거리는 소리인 'grrrl'을 사용했습니다. 'grrrl'이라는 표현 역시 초기의 진에 처음 등장했습니다. 진은 글과 예술 작품과 정치를 콜라주 식으로 결합하여 정보를 공유하는 통로 역할을 하고 새로운 커뮤니티를 구축했습니다. 이런 이유로 진은 오늘날에도 예술가들과 젊은 사람들이 제작하고 이용하고 있습니다. 인터넷의 등장으로 인쇄물인 진의 행보는 조금 더뎌졌지만, 어찌 보면 텀블러와 인스타그램, 스냅챕은 모두 소녀들이 담론을 형성하고 예술과 정보를 공유하는 일종의 진이라고 할 수 있습니다. 그러니까 진 운동은 현재 진행형입니다!

14. 잡지의 magazine에서 mega를 떼어 내고 만든 말.

> 트랜스젠더와 젠더 비이분법적인 성 정체성을 가진 학생들도 학교에서 안전하게 생활할 권리가 있습니다. 동의하시죠? 수요일 오후 6시에 열리는 교육위원회 회의에 꼭 참석해 주세요. 저도 갈 거예요. 여러분의 도움이 꼭 필요합니다!(설득, 행동 촉구를 통한 동원, 사회적 압력)

메일을 받은 사람이 메일을 삭제하지 않고 열어 보게 하려면 제목을 어떻게 써야 할까요? 제목이 아래와 같은 이메일을 받았다면, 여러분은 어떤 메일을 열어 볼 것 같나요?

- 트랜스젠더 학생 캠페인 주간 업데이트
- 우리 학교의 트랜스젠더 학생들을 지켜 주세요
- 바로 지금, 여러분의 도움이 필요합니다! 트랜스젠더 학생들은 학교에서 안전하게 생활할 권리가 있습니다.

마지막 이메일을 열어 보지 않을까요? 다급함이 느껴지면서 내가 뭔가를 해야 할 것으니까요. 메시지 전달은 대중의 관심을 끌기 위한 방법이라는 사실을 잊지 마세요!

광고 디자인을 위한 도움말

가장 중요한 정보는 무엇인가? 광고 카피(즉, 광고에 있는 문구)에 여러 단어를 사용하는 것은 피해야 합니다. 가장 중요한 메시지, 입에 착 붙는 슬로건, '낚싯밥'에 초점을 맞추세요.

★ 광고에서 가장 중요한 정보는 가장 큰 글씨로 나타냅니다. 광고를 보자마자 눈길이 거기에 꽂혀야 하니까요.

누가 광고를 보는가? 어떤 사람들이 여러분의 관객이 되어 줄까요? 그들이 여러분의 활동을 이해하고 공감하게 하려면 어떤 정보를 제공해야 할까요? 그들을 행동하게 만들려면 어떤 방식으로 다가가야 할까요? 이런 점들을 생각해 보세요.

광고가 어떻게 보일까? 눈길을 사로잡는 크고 작은 이미지가 셀 수 없이 많이 존재하는 요즘 세상에 강렬한 시각적 이미지는 정말 중요합니다. 인터넷에는 무료로 사용할 수 있는 클립아트나 이미지(저작권이 없는 이미지나 사용이 허락된 이미지를 찾으세요.)가 아주 많습니다.

★ 누구나 사용해도 되는 이미지만 써야 합니다! 여러분에게 소유권이 없는 사진이나 그림을 광고에 썼다가 큰 낭패를 볼 수도 있습니다. 인터넷 검색으로 찾은 이미지를 함부로 사용하면 안 됩니다.

★ 광고를 종이에 인쇄할 계획이라면, 최소한 150dpi 이상의 고화질 이미지를 사용하세요. 해상도가 떨어지면 인쇄했을 때 흐릿하게 나와서 전문적이지 않다는 느낌을 줄 수 있습니다.

빠진 것은 없는가? 사람들에게 필요한 정보가 빠짐없이 들어가 있는지 확인하세요! 무엇을 위한 광고인지, 어떻게 행동하고 누구에게 연락하면 되는지, 언제 어디에서 행사를 하는지 등의 정보가 들어가 있어야 합니다. 광고를 인쇄하거나 배포하기 전에 틀린 내용이 없는지 두 번, 세 번 꼭 확인하세요. 나중에 나한테 틀림없이 고마워할 거예요!

판매 미디어 공략법

대부분의 풀뿌리 캠페인은 판매 미디어에 비용을 치를 돈이 없습니다. 하지만 적은 비용으로 할 수 있는 광고도 있습니다. 페이스북에 25달러약 2500원 정도를 내면 여러분의 캠페인 홈페이지나 얼마 뒤에 있을 지역 행사를 광고할 수 있습니다. 지역 신문이나 잡지에 작은 광고를 싣는 것도 큰돈이 들지 않습니다.

광고를 만들기 전에 최근에 본 광고를 떠올려 보세요.

- 왜 그 광고가 기억에 남나요?
- 무엇 때문에 그 광고가 특별하게 느껴졌나요? 슬로건이 기억에 남았나요? 시각적으로 강렬했나요?
- 여러 장소에서 그 광고를 보았나요?

광고는 앞에서 말한 다섯 번의 노출 중 하나입니다. 따라서 하나의 캠페인을 홍보하는 효과를 거두려면 다른 노출 기회 때의 메시지와 일관성을 유지해야 합니다. 앞 페이지에 있는 '광고 디자인을 위한 도움말'을 참고해서 멋진 광고를 만들어 보세요.

1. 메시지 전달은 인식 제고, 설득, 동원 세 단계로 이루어집니다.

미국 플로리다주 파크랜드의 마조리(M) 스탠맨(S) 더글러스(D) 고등학교 총기 난사 사건 이후에 설립된 총기 규제 기구인 '다시는 MSD가 없도록(Never Again MSD)'은 어떻게 메시지 전달에 성공했을까요? 그들이 사용하는 #NeverAgain, #EnoughisEnough 해시태그는 어떻게 해서 그렇게 강력한 효과를 거두었을까요?

2. 사람들에게 여러분의 캠페인이 중요하다고 논리적으로 말하는 것보다 피부에 와닿는 구체적인 이야기를 통해 정서적인 공감을 얻는 것이 더 효과적입니다.

한두 시간을 투자해서 여러분의 운동이 왜 필요한지 알려 줄 수 있는 논점 두세 개를 준비하세요. 여러분의 주장에 힘을 실어 줄 자료를 조사해 두었다가 여러분의 입장을 방어할 때 사용하세요. 뭘 말해야 하는지 미리 숙지하고 있으면 대중을 설득하는 기술을 익히는 데 큰 도움이 될 거예요.

3. 의사소통이 필수적입니다.

어떻게 하면 다양한 미디어를 최대한 잘 이용해서 여러분의 메시지를 전달할 수 있을까요? 보도 자료, 블로그 글, 사설, 기자와의 인터뷰 등 여러 방법의 장단점을 적어 보세요. 여러분의 강점과 자원(시간을 포함해서요!)을 고려했을 때 어떤 방법이 효과가 가장 클까요?

☆ ☆ ☆ ☆ ☆ ☆ ☆ ☆ ☆ ☆ ☆ ☆ ☆

* * *

5

모금의 달인이 되어 봅시다

아마 여러분도 잘 알겠지만, 오래전부터 여성과 소녀들은 노동의 대가를 제대로 받지 못했습니다. 집, 회사, 거리 어디에서든요. 소녀들은 어린 나이부터 자기희생과 다른 사람들에게 양보하라는 교육을 받습니다. 우리가 원하는 것을 요구하지 말라고 강요받는 것입니다. 소녀들은 늘 공짜로 일합니다. 하지만 우리 역시 노동을 인정받을 권리가 있습니다. 우리 자신과 사회 정의를 위한 일에 대한 대가를 요구할 권리가 있습니다.

- 돈을 좀 모아 보자고요! ❯

"사람들이 권력을 포기하는
가장 흔한 방법은
자신에게 권력이 없다고 생각하는 것이다."

- 앨리스 워커, 흑인 작가이자 운동가.

돈이 있으면 살기가 편합니다. 대체로 그렇습니다. 기본적
으로, 돈은 힘이니까요.―대중교통을 타지 않아도 되도
록 자동차를 살 수 있는 힘, 교육받을 수 있는 힘, 자기 관리를 위
한 필수품들을 삼으로써 기분이 좋아지게 되는 힘. 우리는 돈을
벌고 쓰는 것이 전부이자 가장 중요한 자본주의 사회에 살고 있습
니다. 그래서 돈이 없으면 아무것도 할 수 없는 것처럼 느낄 수 있
습니다. 특히 한창 캠페인을 기획하는 중에는 더더욱 그렇습니다.
티셔츠와 포스터를 제작하는 데 필요한 옷감이나 종이가 하늘에
서 그냥 떨어지지는 않으니까요.

하지만 사회 개혁을 위한 조직을 만들 때 가장 중요한 것은 돈
이 아닙니다. 2장에서 살펴보았듯이, 돈이 여러분이 가진 유일한
자원은 아닙니다. 저항운동은 필요해서 싸우는 것이기 때문에 사
람들은 늘 모금 없이도 사회운동을 벌여 왔습니다. 그리고 저항운

동은 대개 직접적인 영향을 받는 사람들—소외되고 억압받는 사람들, 즉 부자가 아닐 가능성이 큰 사람들—이 주도했습니다. 소녀 저항운동은 부자들의 기부에 의존하지 않습니다. 하지만 우리는 기부받을 자격이 있습니다.

이 장에서는 사회운동의 목표를 달성하는 데 필요한 돈을 어떻게 구할지에 관한 모든 것을 다룰 예정입니다. 이 대목에서 잊지 말아야 할 것은, 음식·집·옷과 같은 생필품에 대해 걱정하지 않고 사회운동에 쓸 돈이 있다는 것은 하나의 특권이라는 사실입니다.

모금을 하는 데도 돈이 필요해요!

여러분의 사회운동은 돈을 받아도 될 만큼 충분히 가치가 있습니다. 운동을 진전시키기 위해 돈을 요구하는 것을 나쁘게 생각할 필요가 없습니다. 사회운동에 돈이 필요한 가장 큰 이유 두 가지는 다음과 같습니다.

1. 직접적인 지원이 필요한 사람들에게 기부하기 위해 돈을 모으거나 물건을 모으는 경우입니다. 이 경우에는 모금 활동 자체가 사회운동입니다.

2. 캠페인에 드는 비용을 충당하는 데 도움을 받기 위해 모금하는 경우입니다. 이때는 모금 활동이 사회운동을 지원하기 위한 것이 됩니다.

모금을 시작하기 전에, 돈이 왜 필요한지 생각해 보아야 합니다.

- 자선단체나 사회운동에 기부하기 위한 돈인가?
- 대규모 시위에 참가하거나 교육을 받으러 가기 위한 여행비인가?
- 행사용 티셔츠나 배지, 팻말을 구매하기 위한 돈인가?
- 전단지나 인쇄물을 제작하는 데 드는 돈인가?
- 행사를 위한 장소나 물품을 마련하기 위한 돈인가?

모금이라고 하니, 사회운동을 하려면 돈이 엄청 많이 필요한 것처럼 들리겠지만, 사실은 그렇지 않습니다. 돈이 많지 않다고 주저하지 마세요. 무료 온라인 청원 사이트, 무료 이메일 목록 관리 소프트웨어, 무료 웹사이트 호스팅, 무료 이메일 프로그램, 무료 문서 공유 사이트, 무료 접속 소셜미디어는 물론 심지어 무료 행사 공간도 있으니까요. 팻말과 티셔츠는 자체 제작으로 대체할 수 있고, 복사는 동네 인쇄소나 문구점에서 적은 비용으로 할 수도 있습니다. 또 그래픽 디자인이나 티셔츠, 그리고 행사 공간 같은 서비스와 재화는 기부를 받을 수도 있습니다.

소녀 사회운동가는 자원 조달도 빠릿빠릿하게 잘할 수 있습니다. 그러니 여러분의 캠페인 예산이 5만 원이건, 5000만 원이건 상관없이 바로 움직이세요. 세상은 지금 당장 변화가 필요합니다.

이 장에는 '부탁'돈을 요구하는 것을 위한 기본 틀을 짜는 데 도움이 되는 아이디어가 나올 거예요. 그 아이디어로 무장하면 자신감이 샘솟고 틀림없이 성공할 수 있을 거예요. 마치 자신을 모금에 대해 모든 것을 아는 달인처럼 느낄 거예요. 여러분은 할 수 있습니다! 할 수 있는 사람이니까요!

예산 짜기

예산은 수입과 지출의 추산치입니다. 복잡하게 느낄 수도 있지만, 전혀 그렇지 않습니다. 돈이 얼마나 들어오고수입 나가는지지출만 알면 됩니다. 예산은 지출을 개별 항목으로 나누고 각각에 드는 비용을 예상합니다. 그래서 비용을 모두 감당하려면 모금 목표액을 얼마로 정해야 하는지 알 수 있습니다. 물론 목표액은 현실적으로 달성할 수 있는 액수여야 합니다.

예산은 말하자면 작업 중인 문서와 같습니다. 캠페인이 진행되는 중에 변화가 생기는 경우가 많은데, 이런 사항을 수시로 업데이트해야 합니다. 예를 들어, 보조금을 받기를 기대했는데 받지 못했다고 가정해 봅시다. 이때 목표를 달성하기 위해서는 추가 수입을 위한 새 모금 계획을 마련하거나 지출을 줄여야 합니다.

그렇다면 모금 활동의 중요한 첫 단계인 예산 짜기는 구체적으로 어떻게 해야 하는지 알아볼까요? 캠페인 계획서를 펼쳐 놓고 예산을 짜 봅시다! 장담합니다. 생각보다 쉬울 거예요.

1. 자원 항목을 다시 한번 살펴본다. 필요한 자원인데 지금 가지고 있지 않은 것은 어떤 것이 있지요? 행사 장소, 미술 도구, 교통비 같은 것 말이에요.

2. 전략과 전술을 다시 한번 살펴본다. 하나하나 살펴보면서 필요한 지출이 있는지 살펴봅니다. 예를 들어, 모임에서 먹을 피자 살 돈, 집회 때 사용할 음향 장비, 시위 때 쓸 팻말을 만들 도구 등이 있을 수 있습니다. 전술을 하나하나 실행해 가는 모습을 머릿속에 그려 보세요. 그리고 무엇이 필요한지 생각하세요.

3. 각 항목 비용을 추산한다. 적정한 예상 비용을 모르겠으면, 평균적인 가격을 검색해 보세요. 그 물건을 몇 번쯤 사용할지도 생각하고요. 예를 들어, 네 번의 모임에서 먹거리가 필요하고, 한 번 모일 때 음식값이 5만 원이 들 것으로 예상되면, 총 20만 원네 번의 회

의×5만 원=20만 원이 필요합니다.

전문가의 도움말 비용을 낮게 잡는 것보다는 높게 잡는 편이 좋
습니다. 예산은 소원을 비는 것과 비슷합니다. 예산을 짜는 이유
는 캠페인 비용을 전부 충당하려면 이상적으로 생각했을 때 얼
마를 모금할지 계산하는 것입니다.

---

4. 예상 비용을 토대로 예산을 작성한다. 다음 페이지에 나오는
표나 엑셀 또는 구글 스프레드시트 같은 프로그램을 이용해서 간
단한 예산표를 작성해 보세요.

5. 비용 충당을 위해 돈을 벌거나 기부받을 방법을 계획한다. 이
장의 뒷부분에 더 자세한 방법이 나와 있습니다. 일단은 머릿속에
떠오른 아이디어들을 적어 보세요.

6. 전체적인 이익이나 손실을 계산한다. 먼저 예상하는 총비용과
총수입을 각각 계산한 후, 총수입에서 총비용을 뺍니다. 이때 나온
숫자가 여러분의 순수익 또는 순손실이 됩니다.

예산표 예시

캠페인이 모두 끝나고 나서 지출과 수입을 정산한 다음에 작성한 표입니다. 예산표를 처음 작성할 때는 '실제 지출'과 '실제 수입' 칸은 비어 있을 것입니다. 물품 구매와 모금 활동이 끝난 뒤에 빈칸을 채워 넣으면 됩니다.

지출	예상 지출	실제 지출
여덟 번의 모임을 위한 먹거리	40만 원	50만 원
포스터 비용	10만 원	5만 원
총비용	50만 원	55만 원

수입	예상 수입	실제 수입
모금	30만 원	40만 원
보조금	25만 원	25만 원
총수입	55만 원	65만 원

이익-손실	예상	실제
총수입	55만 원	65만 원
총지출	50만 원	55만 원
순수익	5만 원	10만 원

7. 필요에 따라 조정한다. 사업과 달리 모금의 목표는 이익을 남기는 것이 아니라 그저 비용을 모두 충당하는 것입니다. 예상 총수입이 예상 총비용보다 크다면, 축하합니다! 여러분의 계좌는 이른바 '흑자'입니다. 즉, 누구한테도 빚을 지지 않고 돈을 남겼다는 뜻이죠. 하지만 반대의 경우라면, 여러분은 적자 상태입니다. 비용을 낮추거나, 돈을 더 모금하거나, 둘 다 더 해서 차이를 메워야 합니다. 213쪽에 있는 '적자에서 벗어나기'를 보세요.

회계 장부 기록하기

예산을 세운 다음에는 실제 지출과 수입을 계속 확인하고 기록해야 합니다. 장부를 쓰는 것은 모든 모금 계획에 필수적입니다. 돈의 흐름을 깔끔하게 정리할 수 있을 뿐만 아니라 기부자나 보조금 지급자가 돈을 어디에, 얼마나 썼는지 묻는 경우에 자료로 보여 줄 수 있습니다.

모금 활동을 하고, 기부를 받고, 필요한 물품을 구매할 때 사용하는 모든 돈과 들어오는 모든 돈을 기록하세요. 장부에 있는 돈의 액수와 예산서에 있는 돈의 액수를 비교하면서 다음과 같은 질문을 던져 보세요.

예산에 맞게 수입이 들어오고 지출하고 있는가?

예산을 초과해서 수입이 들어오거나 지출하고 있는가?

여러분이 지금 어떤 상태인지 빨리 파악할수록, 앞으로의 진로를 더 빠르게 정할 수 있습니다.

적자에서 벗어나기

적자에 빠지면, 즉 지출을 감당할 만큼 돈이 없다면 어떻게 해야 할까요? 우선, 당황하지 마세요. 세상이 끝난 건 아니니까요. 적자를 해결할 몇 가지 방법이 있습니다.

☆ 비용을 줄여 돈을 덜 쓰면 됩니다. 아쉽게도 모임에서 피자를 못 먹게 될 수도 있겠네요.

☆ 필요한 물건을 사지 말고, 그 물건을 기부해 줄 사람을 찾으세요. 동네 식당이나 친구의 부모님이 모임에 음식을 기부해 줄 수도 있답니다. 물어봐서 손해 볼 일은 없잖아요!

☆ 모금액이 늘어나도록 노력해 보세요.

☆ 필요한 자금을 확보하기 위해 새로운 모금을 시작하거나 진행 중인 모금의 목표 금액을 높일 수도 있습니다.

시간을 아낄지, 돈을 절약할지 선택하기

나는 가능하면 필요한 물건을 스스로 만들어 쓰는 것을 좋아합니다. 여러분도 나와 같다면 물건을 직접 만들고 싶은 마음이 들 거예요. 시위 팻말을 예로 들어 볼까요? 팻말이 10여 개만 필요하면, 직접 만드는 것이 비용도 적게 들고 시간도 별로 많이 걸리지 않을 거예요. 하지만 팻말이 200개가 필요하면, 인쇄비를 내고 업체에 맡길 것입니다. 왜냐고요? 그렇게 많은 팻말을 만들려면 일주일도 넘게 걸릴 수 있으니까요! 이런 것을 바로 기회비용이라고 합니다. 즉, 다른 사람에게 돈을 내고 맡겼을 때보다 직접 만들 때 더 걸리는 시간을 일종의 비용으로 보는 것입니다.

하지만 이 말이 직접 만들면 시간이 많이 걸리니까 무조건 돈을 주고 다른 사람에게 맡기라는 뜻은 아닙니다. 기회비용 문제를 풀뿌리식으로 해결하는 방법이 있습니다. 예를 들어, 팻말을 인쇄할 돈이 없고, 일종의 기부 형태로 인쇄를 무료로 해 주겠다는 인쇄소가 없는 상황을 가정해 봅시다. 이때 팻말 만들기 파티를 열면 어떨까요? 친구들을 초대하세요. 그리고 올 때 미술 도구를 가져오라고 하세요. 그렇게 다 함께 모여서 팻말을 만드는 거예요. 각자 따로 만드는 것보다 일이 조금 더 번거로워질 수는 있지만, 더 짧은 시간에 더 많은 팻말을 만들 수 있을 거예요. 덤으로 앞으로 여러분의 캠페인 활동에 동참하겠다는 친구가 나올 수도 있고요!

돈과 시간은 둘 다 소중합니다.
여러분은 시간과 돈을 어떻게 하면
균형 있게 쓸 수 있을지를
고민해야 합니다.

현금을 구하고 보관하는 방법

모금할 때는 돈을 어떻게 받고 어디에 보관할지에 대해서도 미리 생각해야 합니다. 그때 몇 가지 고려해야 할 사항을 지금부터 말하겠습니다.

은행 계좌를 개설하세요 할 수만 있다면 이것이 가장 좋은 방법입니다. 하지만 대부분의 은행은 미성년자인 10대, 바로 여러분이 계좌를 개설할 때 부모님이나 보호자의 동의를 요구합니다. 부모님이나 보호자의 신용 점수가 좋지 않으면 계좌를 개설하지 못할 수도 있습니다. 이런 경우에는 어떻게 해야 할까요? 아래에 있는 방법 중 하나를 시도해 보세요.

부모님이나 보호자의 계좌를 사용할 수 있는지 물어보세요 아니면 여러분이 사용할 수 있도록 그분들의 명의로 계좌를 개설해 달라고 부탁하세요. 하지만 은행 계좌가 아예 없는 사람들도 있습니다. 이때는 어떻게 해야 할까요?

현금만 받는 캠페인을 벌이세요 자물쇠가 달린 현금 보관 상자나 저금통, 돈 보관용 봉투를 준비하세요. 굳이 개인 수표를 주려는 사람이 있으면, 수표에서 돈 받는 사람의 이름을 쓰는 칸에 여러분의 이름을 써 달라고 하세요.[15] 그 수표를 들고 은행에 가면 현금으로 바꿀 수 있으니까요. 계좌 없이도 소액 수표를 현금화해 주는 은행은 많습니다. 이 방법은 100만 원 이하의 규모가 작은 모금 활동에는 적합하지만, 목표 모금액이 큰 편이라면, 더 안전하고 체계적인 방법이 필요합니다.

돈을 관리해 줄 비영리 단체를 찾아보세요 이 방법을 택하면, 여러분의 사회운동에 대한 기부금은 비영리 단체로 들어가고 비영리 단체의 재무 시스템을 통해 비용이 지출됩니다. 큰돈을 다룰 때 아주 도움이 되는 방법입니다.

직접 비영리 단체를 만들어 보세요 이 방법에 대한 설명은 다음 페이지를 보세요.

---

15. 우리나라에는 개인 수표 제도가 없습니다.

비영리 단체란 무엇이고,
그런 단체를 만드는 것이 좋을까?

비영리 단체는 세금을 면제받고, 세금 공제가 되는 기부를 받을 수 있습니다. 종교, 자선, 과학, 문학이나 교육, 공공안전을 위한 시험, 국내외 아마추어 스포츠 육성, 아동이나 동물 학대 방지 등 공익적 활동을 목적으로 설립된 비영리 단체에 신청 자격이 주어집니다. 여러분의 조직을 비영리 단체로 만든다는 것은 여러분이 정부나 지방자치단체와 관계를 맺는다는 뜻이기도 합니다. 또한 국세청에 제출할 서류들을 작성해야하는 일이 새로 생깁니다.

비영리 단체로 지정되면, 세금 면제 외에도 비영리 단체 보조금이나 대규모 우편 발송 비용 할인 등의 혜택을 누릴 수 있습니다. 하지만 당연히 이익을 남겨서는 안 되고, 정치적 활동에 관여해서도 안 됩니다. 특정 후보를 지지하거나 특정 후보에게 후원금을 내면 안 됩니다. 또한 세금에 대한 정보 그리고 활동에 관련된 서류들을 의무적으로 공개해야 합니다.

그렇다면 과연 이런 단체를 만들 가치가 있을까요? 비영리 단체로 지정된다는 것은 여러분의 단체가 제도권 내의 단체가 된다는 뜻입니다. 또한 기부자들은 세금 공제를 받기 때문에 기부금을 더 많이 낼 가능성이 있습니다. 하지만 여러분의 단체를 정부, 지방자치단체와 관련된 단체로 만들어야 하고(더 이상 온전히 여러분과 동료들만의 조직이 아니라는 의미입니다.) 국세청에 신청료를 내야 하며, 많은 서류 작업을 해야 합니다. 여러분이 캠페인을 벌이는 데 비용이 적게 들고 사람들이 기부하는 금액이 대부분 소액이면, 받을 수 있는 혜택보다 시간과 노력이 더 클 수도 있어요. 그러나 모금 액수가 제법 큰 규모로 늘어나거나, 여러분의 단체가 지속성이 있는 구조를 갖추고 신뢰성을 높이기를 바란다면 한 번쯤 고려해 볼 가치는 있습니다.

전자결제는 어떨까요?

전자결제를 선호하는 사람이 점점 늘고 있습니다. 그냥 습관적으로 현금을 지니고 다니지 않는 사람도 있고요. 따라서 여러분이 쉽고 빠르게 기부받을 방법을 생각해 낸다면, 새로운 기부자들이 생길 기회가 열릴 수 있습니다. 대부분의 전자결제 어플리케이션에는 기부금을 받는 기능이 있지만, 출금하기 위해서는 일단 다른 곳으로 돈을 송금해야 합니다. 그리고 이 송금을 위해서 은행 계좌나 신용카드가 필요합니다.

세금 공제가 가능한 기부는 어떨까요?

아마도 여러분이 받게 될 질문 중 법적으로 가장 복잡한 질문은 기부금이나 기부 물품에 대한 세금 공제 여부일 것입니다. 간단하게 답하면, 세금 공제가 가능한 기부를 받을 수 있는 비영리 단체와 함께 일하고 있거나 여러분의 단체가 비영리 단체가 아니면 세금 공제를 받을 수 없습니다.

만약 여러분이 비영리 단체와 이미 협력하고 있다면, 그 단체는 기부금에 대해 세금 공제를 받을 수 있을 가능성이 큽니다. 그 단체에 정확한 절차에 대해 물어보세요. 흔히 비영리 단체에서 기부자에게 영수증을 발급하고, 기부자는 연말에 세금을 신고할 때 영수증을 제출하는 방식으로 진행됩니다.

직접 비영리 단체를 만드는 것 역시 생각해 볼 수 있습니다. 비영리 단체를 설립하는 일은 여러 필수적인 단계를 거쳐야 해서 복잡하지만 불가능하지는 않습니다. 다만 고려해야 할 장단점이 있습니다. 사회운동의 규모와 기부금 액수가 적다면, 세금 공제 여부는 기부자들에게 별로 중요한 문제가 아닐 것입니다. 하지만 원대한 꿈을 꾸고 있다면, 직접 비영리 단체를 설립하려면 무엇이 필요한지 잘 알아보세요. 비영리 단체 설립에 대해 더 많은 정보를 얻고 싶으면, 217쪽을 참고하세요.

엄청 쉽고, 아주 싸고, 노력이 거의 들지 않는 모금을 위한 아이디어들

이제 준비를 마쳤으니, 실제로 돈을 모을 시간입니다! 모금은 복잡한 일이 아닙니다. 목표 금액이 100만 원 이하로 적다면 더욱더 그렇습니다. 모금을 시작할 때 도움이 되는, 쉬우면서도 효과적인 몇 가지 방법을 알아보겠습니다.

게임도 하고, 모금도 하고

소요 시간 짧음
필요한 인원 1~3명
추천 막판 모금 활동, 목표 모금액이 10만 원 이하인 경우

게임은 특별한 행사 때나 학교나 종교활동을 하는 장소처럼 사람이 붐비는 곳에서 해야 효과가 좋습니다. 적은 액수의 기부금을 받되, 아주 많은 사람이 참여하게 하는 것이 핵심입니다. 게임으로 사람들의 경쟁심을 자극하면 지갑이 자연스럽게 열릴 거예요.

물건 수 알아맞히기 게임

작은 통에 사탕이나 배지, 구슬과 같은 작은 물건을 가득 넣습니다. 그 옆에는 빈 종이쪽지를 준비합니다. 도전자들에게 통 안에 몇 개의 물건이 들었는지 짐작해서 종이에 쓰게 합니다. 이때 종이를 한 장 쓸 때마다 장당 1000원 식으로 적은 액수의 기부금을 내게 합니다. 나중에 우승한 사람에게 연락할 수 있도록 이름과 전화번호도 함께 쓰게 하고요. 우승자에게 1만 원의 현금 또는 동네 카페나 식당에서 쓸 수 있는 상품권 같은 상품을 줍니다.

이 게임을 여러분의 캠페인에 어울리도록 조금 수정하면 더 좋

은 효과를 낼 수 있습니다. 예를 들어, 연령에 알맞은 포괄적인 성교육 캠페인을 하고 있다면, 통 속에 콘돔을 넣어 보세요. 동물 보호소를 위해 돈을 모으고 있다면, 강아지 간식을 사용해도 좋아요. 통을 잘 지켜보아야 하는 것은 당연하겠지요? 공공장소에서 게임을 한다면 하루 종일 옆에 서서 지켜보아야 합니다. 그리고 학교 행정실처럼 안전한 장소를 찾아 통을 보관해 두어야 합니다.

50대 50 기금 복권

이 게임은 정말 쉽고 돈이 진짜 적게 듭니다! 정해진 시간 동안 행사 중 몇 시간도 괜찮고 일주일간 모금 활동도 괜찮습니다 복권을 파세요. 복권 금액은 여러분이 정하면 됩니다. 사람들이 복권을 더 많이 사도록 할인할 수도 있습니다. 예를 들어 1장은 1000원, 3장은 2000원, 10장은 5000원, 이런 식으로요. 복권을 많이 살수록 그 사람의 당첨 확률은 높아집니다. 그리고 복권을 많이 팔수록 여러분의 모금액은 커지고요! 복권에 이름과 연락처를 쓰라고 하세요. 복권 판매가 끝나면 추첨을 합니다. 당첨자는 모은 돈의 50%를 가져가고, 나머지 50%는 여러분의 몫이 됩니다. 서로에게 좋은 일이죠! 도움말: 파티 물품 가게나 인터넷에서 미리 숫자가 쓰여 있는 복권을 살 수 있습니다.

동전 전쟁

이 경쟁적인 게임은 준비할 게 별로 없습니다게으른 사람들, 주목!. 학교처럼 여러 팀을 짜기 쉬운 곳에서 하면 좋습니다예를 들어, 반이 나 학년별로 팀을 나누어 겨루게 하면 됩니다. 각 팀에 예쁘게 꾸민 빈 병을 하나씩 나누어 줍니다. 깨끗한 우유병이나 탄산음료 병의 윗부분을 잘라서 사용해도 됩니다. 빈 병들을 눈에 잘 띄는 장소에 둡니다. 각 팀의 팀원들은 자기 팀의 빈 병에 수시로 동전을 넣습니다. 정해진 시간이 지난 다음 가장 많은 돈을 모은 팀이 우승을 차지합니다. 우승 상품으로 상품권이나 피자 파티, 자랑할 수 있는 권리 같은 것을 준비하세요. 매일 금액을 확인하고 모두가 볼 수 있는 표에 각 팀의 진행 상황을 올려서 경쟁심을 자극해 보세요.

사회적 모금

소요 시간 주말 하루나 이틀
필요한 인원 1~3명
추천 적은 액수의 일회성 기부, 100만 원 이하의 모금액

사회적 모금 또는 소셜 펀딩은 킥스타터나 고펀드미 같은 온라인 크라우드펀딩 사이트들이 인기를 얻으면서 각광을 받고 있습니

다. 성공적인 온라인 크라우드펀딩 캠페인 개설에 대한 정보를 얻고 싶으면 228쪽을 참고하세요. 하지만 인터넷이 없던 암흑 같던 시절에도 사회운동가들은 친구나 가족 또는 멀리 떨어져 있는 지인들에게 연락해서 마법 같은 성과를 거두었습니다. 여기에서는 검증된 전통적인 사회적 모금 방법 몇 가지를 소개합니다.

여러분의 지지자들과 친구들, 가족들에게 여러분의 사회운동에 기부금을 부탁하는 편지를 최소한 열 통 써 달라고 부탁하세요. 그다음 다 쓴 편지를 그 사람들이 잘 아는 사람들에게 보내게 합니다. 편지에는 여러분의 사회운동 목표와 그것이 중요한 이유가 담겨야 합니다. 따라서 편지를 쓰는 사람들에게 관련 정보를 주는 것을 잊지 마세요. 약간의 경제적 여유가 있다면, 편지를 받은 사람들이 기부금을 쉽게 보낼 수 있도록 여러분의 주소가 적혀 있고 우표가 붙어 있는 회송용 편지봉투도 동봉해서 보내세요.

특별한 날

생일이나 기념일에 선물을 달라고 하는 대신에 사회운동에 사용될 기부금을 요청해 보세요. 특별한 날의 날짜에 맞추어 기부금 액수를 말하면 효과가 더 좋을지도 몰라요. 예를 들어, 여러분의 열다섯 번째 생일이 5월 30일이면, 생일 달에 맞추어 5000원, 열다섯 살을 기념하기 위해 1만 5000원을 요청해 보는 거예요. 아니면 생일 날짜에 맞추어서 3만 원을 부탁할 수도 있고요.페이스북에 새로 도입된 모금 기능을 사용하면 이 일을 쉽게 할 수 있습니다.

행사에 참석 안 하기 행사

시간과 노력이 드는 모금 행사를 계획하는 것 대신, '행사에 참석 안 하기 행사'를 열어 모금을 하면 어떨까요? 즉, 파티에 참석 안 하는 대신 기부금을 내 달라고 요청하는 거예요. 초대장에 '나 홀로 다과회'를 열라고 쓰고, 우려 마실 티백을 함께 보내세요. 아니면 '편하게 편지 보내기 파티'를 하자고 제안해 보세요. 비용이 거의 들지 않는 데다, 사람들이 재미있어 하고 잘하면 파티에 동참하겠다는 답장에 기부금을 함께 넣어서 보낼 수도 있습니다. 솔직히 말해서, '바깥에 나가서 실제로 뭘 하는 것'보다 집에 콕 박혀 있는 게 더 좋을 때도 있잖아요.

물건 만들어 팔기

소요 시간 계획에 1~2주, 실제 판매는 하루
필요한 인원 3명 이상
추천 단체로 일할 때, 모금액이 10만 원 이하일 때 물건 판매는 사회적 모금 못지않게 검증된 방법일 뿐만 아니라 비용도 적게 들고 간단하고 재미있습니다. 모금하는 이유를 분명하게 써서 잘 보이는 곳에 내거세요. 그래야 사람들이 공감해서 더 많은 돈을 기부할 테니까요! 전단지나 서명받을 청원서가 있다면 그것도 잘 보이는 곳에 놓아두세요.

빵 일일 장터

달콤한 빵을 만드세요. 탁자와 간판을 설치하고 달콤한 빵을 파세요! 끝.

벼룩시장

가족과 친구, 지지자들에게 쓸 만한 중고 물품을 기증해 달라고 부탁하세요. 오래된 물건들을 팔아서 새 돈을 모으는 거예요. 동네에 홍보 전단을 붙이고 근처에 사는 사람들이 많이 찾아올 수 있도록 인터넷에도 글을 올리세요. 좋은 일을 위한 행사라는 점을 꼭 밝히고요!

리본과 배지 판매

배지 또는 특정 사안을 알리는 리본을 한 개에 1000원이나 2000원에 파세요. 배지는 직접 만들 수도 있고, 대량으로 구매할

수도 있어요. 리본은 만들기 쉬워요. 천을 잘라 옷핀만 꽂으면 끝.

세차

가까이에 물이 있고 주차장이 있는 지역 사업체나 교회, 기관에 자리를 마련하세요. 가장 이상적인 장소는 마트나 쇼핑몰처럼 교통량이 많은 곳입니다. 당연히 장소 사용에 대한 허락을 미리 받아야 합니다. 부모님이나 가족의 지인 중에 그런 장소를 빌려줄 만한 사람이 있는지 알아보세요. 여러분이 어떤 동아리 또는 자원봉사자 단체와 함께 일하고 있다면 이 방법이 딱 좋습니다. 게다가 재미도 있고요. 한 팀은 세차장 표지판을 들고 길에 서서 운전자들을 끌어들이고, 다른 팀은 세차를 하고 돈을 받으면 됩니다.

팬케이크, 스파게티, 아이스크림

돈을 모으려고 할 때 음식은 늘 좋은 수단이 되지만, 이 방법을 쓰면 음식 먹는 것 자체가 하나의 모금 행사가 됩니다. 음식을 제공할 장소를 찾고 교회 지하실, 비싸지 않은 연회장, 또는 집 많은 사람을 초대하세요. 음식을 얼마나 준비할지 파악해야 하니 반드시 참석 여부를 미리 확인하세요! 접시 하나에 기부금 5000원이나 1만 원을 받고 요리를 해서 음식을 제공하세요. 가격을 정할 때는 행사 참가비에서 음식 재료 값을 빼고도 돈이 남아야 한다는 점을 명심하세요. 스파게티 저녁식사, 팬케이크 아침식사, 직접 아이스크림 선디 만들기 등 인기 있고 비용도 적게 드는 메뉴를 생각해 보세요.

초기 자금 마련

물건을 팔아서 돈을 모으려면 우선 돈을 들여서 물건을 사야 합니다. 그 돈은 어떻게 마련해야 할까요? 앞에서 말한 방법 중 대부분은 시작하는 데 2만 5000원에서 5만 원밖에 들지 않습니다. 게다가 이미 가지고 있는 물품을 사용하거나 친구나 이웃에게 빌려서 돈을 아낄 수도 있습니다. 하지만 처음에 필요한 2만 5000원은 어떻게 마련해야 할까요?

★ 부모님이나 여러분을 지원해 주는 어른에게 반드시 갚겠다는 약속을 하고 잠깐 빌립니다.

★ 여러분과 함께 캠페인하는 사람들에게 5000원씩 기부하라고 요청합니다.

★ 물품을 기증받을 수 있는 회사가 있는지 알아봅니다.

★ 일단 저금통에서 꺼내 쓰고, 모금 활동이 시작되면 다시 채워 넣습니다.

크라우드펀딩

소요 시간 캠페인 준비에 약 1주, 그리고 캠페인 지속 시간만큼 추가

필요한 인원 2명 이상. 하이테크에 대해 잘 아는 사람이라면 혼자서도 가능

추천 적은 금액에서 중간 금액의 일회성 기부, 넓은 지역에 걸친 모금, 모금액이 100만 원 이상인 경우

크라우드펀딩은 신비한 힘을 가진 인터넷을 이용해 소액의 돈을 많은 사람으로부터 받아 큰돈을 만드는 모금 형태입니다. 크라우드펀딩을 할 수 있는 대표적 사이트로는 인디고고, 고펀드미, 크라운드라이즈가 있습니다.[16] 자, 우리도 한번 해 보자고요!

웹페이지를 만든다

크라우드펀딩은 여러분의 사회운동을 널리 알릴 좋은 기회이기도 합니다. 뭔가를 여러 사람과 공유하기에 인터넷만큼 좋은 수단은 없으니까요. 크라우드펀딩 웹페이지에 모금 외에도 자원봉사, 물품 기증, 온라인 청원 서명, 단체에 가입하기 등 여러분의 활동에 도움이 되는 것들을 함께 올려 보세요. 돈을 기부할 여력이 없는 사람들도 여러분의 활동에 대한 정보를 얻을 수 있고 활동에 동참할 수도 있으니까요.

---

16. 우리나라에서 사회운동을 위한 크라우드 펀딩을 할 수 있는 대표적인 플랫폼으로는 같이 가치, 소셜펀치 등이 있습니다.

관심을 끄는 이야기를 한다

4장에서 배운 내용을 활용해서, 여러분의 사회운동에 기부하는 것이 왜 중요한 일인지를 알리세요. 개인적인 이야기와 객관적인 정보를 접한 사람들이 여러분의 운동 취지에 공감해서 지갑을 열게 될 거예요.

비디오와 시청각 자료를 활용한다

최소한, 특징적인 이미지나 동영상은 꼭 필요합니다. 휴대전화로 찍어도 괜찮습니다. 여러분의 목표가 무엇이고, 그것이 왜 중요한지만 말해도 됩니다. 글만 빼곡한 자료는 지루한 데다, 아직 준비가 덜 된 듯한 인상을 줄 수 있습니다. 잠재적 기부자들이 자료를 보고 싶은 마음이 들도록 사진과 그래프를 사용하세요. 그렇게 하면 내용을 더 쉽게 전달할 수 있습니다. 동영상을 찍을 때는 조명을 최대한 밝게 하고, 소리가 잘 들리는지 반드시 확인하세요. 외부 마이크를 사용하면 좋습니다.

기부 금액에 따른 보상 계획을 세운다

기부금에 대한 보상은 기부금을 더 많이 내고 싶은 마음이 들게 합니다. 보상이 꼭 경제적 이득이나 물건일 필요는 없습니다. 소셜미디어에서 감사 표시를 하는 것이나 고마운 마음을 담은 손 편지 또는 짧은 동영상, 스카이프 영상통화도 괜찮습니다. 사람들은 자신의 기부금이 어디에 쓰이는지 알고 싶어 하기 때문에 최대한 명확하고 구체적으로 설명해야 합니다. 예를 들어 이민자들에게 본토어를 가르치는 지역 비영리 단체를 위해 모금한다면, 학생들에게 제공할 새 공책을 사는 데 기부금 1만 원또는 다른 금액를 쓸 것이라고 자세히 알려 주세요.

친구들과 팔로워들에게 먼저 부탁한다

멋진 모금 사이트를 완성했다면, 이제 세상에 선보일 차례입니다. 돈을 달라고 부탁하는 것이 어색하게 느껴질 수 있지만, 여러분은 지원받을 자격이 있다는 사실을 기억하세요! 소셜미디어나 이메일, 문자, 메시지를 통해 홈페이지로 바로 연결되는 링크를 전송하세요. 사람들이 당장 기부할 여력이 없다면, 그들의 네트워크를 이용해 다른 사람들에게 모금 사이트를 알려 달라고 부탁하세요. 여러분의 모금 사이트가 더 많이 공유될수록 잠재적 기부자도 그만큼 더 늘어나니까요.

도전적인 목표를 세운다

자신을 과소평가해서 모금 목표액을 너무 낮게 잡지 마세요. 우선 여러분의 예산에 기초해서 합리적인 최소 목표액을 정하세요.

그리고 실제 모금 활동을 벌일 때는 그것보다 조금 높은 도전적인 목표를 정하세요. 최소 목표액을 채우고도 남는 돈으로 무엇을 할지에 대해서도 생각한 다음, 그것을 홍보하세요. 예를 들어, 모금 목표가 티셔츠 200개를 사기 위한 200만 원이라면, 도전적 목표는 홍보용 배지 500개를 제작하기 위한 기계와 물품까지 구매하기 위한 250만 원으로 설정할 수 있습니다.

모금 사이트의 약관을 반드시 읽는다

크라우드펀딩 사이트마다 운영 규칙이 다릅니다. 하지만 대부분의 사이트는 온라인 기부금 처리 수수료와 홈페이지 이용비 명목으로 모금한 돈의 일부를 가져갑니다. 목표액을 달성해야 돈을 주는 사이트도 있습니다. 특정한 종류의 프로젝트나 사회운동에만 모금을 허용하는 사이트도 있습니다. 대개는 검증된 입출금 계좌와 신분증이 있어야만 돈을 주기 때문에, 은행 계좌를 개설할 수 없거나 개설하고 싶지 않다면 이 방법은 적합하지 않을 수 있습니다. 시작하기 전에 여러분이 이용하는 크라우드펀딩 사이트의 이용료와 규칙을 숙지하세요.

돈은 됐고…… 물건을 주세요!

돈은 쓰임새가 넓어서 편리합니다. 물건부터 전문적인 서비스까지 돈으로 살 수 없는 것은 거의 없습니다. 하지만 모금 대상이 돈만 있는 것은 아닙니다. 전문 용어로 '현물 기부'라고 부르는 방법도 있습니다. 물건이나 서비스를 기부받는 것입니다. 아마 여러분도 기부를 위해 물건을 모으는 일을 한 번쯤은 해 봤을 것입니다. 이렇게 돈이 아니라 물건을 모으는 것도 모금 활동 중 하나입니다.

기부 물품 모으기 운동

이 운동을 벌이려면, 우선 눈에 잘 띄는 장소에 기부 상자를 놓아두어야 합니다. 그리고 어떤 물건들을 구하고 있고 그 물건들이 어디에 쓰일지에 대해 알리는 플랜카드나 입간판을 설치하면 좋습니다. 기증받은 물건은 비영리 단체나 자선단체에 전달하고, 그곳에서 필요한 사람들에게 나누어 줍니다. 기부 물품 모으기 운동은 진행이 간단하고, 가장 필요한 사람들에게 물건을 직접 전달할 수 있다는 장점이 있습니다.

비영리 단체나 자선단체를 위한 기부를 계획하고 있다면, 모으는 물건이 해당 단체에 필요한지 반드시 미리 확인해야 합니다. 어떤 단체들은 감당할 수 없을 만큼 많이 기부받고, 특정 물품을 보관할 여유가 없을 수도 있습니다. 사람들로부터 기증받았지만 필요 없는 통조림이나 샴푸, 외투를 정리하느라 괜히 시간만 낭비하는 일이 벌어질 수도 있습니다.

여러분이 선택한 비영리 단체에 필요한 물품들이 뭔지 확인했다면, 아래에 있는 물건들을 참고해서 기부 물품 모으기 운동을 시작해 보세요.

- 지역 노숙자 쉼터에 기증할 새 옷이나 상태가 좋은 중고 외투
- 지역 푸드뱅크에 기증할 통조림
- 10대 부모를 위한 아기 옷과 아기용품

- 위기에 처한 상태노숙자, 재난 지역, 난민 캠프, 여자 교도소에서 생리를 하는 사람들을 위한 생리대와 탐폰
- 병원 응급실에 있는 성폭력 희생자들을 위한 개인 생활용품
- 빈곤 가정의 아이들과 가족들을 위한 기념일 선물
- 궁핍한 아이들을 위한 학용품펜, 공책, 책가방 등
- 동물 보호소에 기증할 오래된 수건과 담요

물품 기부 운동을 더 큰 사회운동에 대한 인식을 제공하는 기회로 활용할 수도 있습니다. 열 살 소녀 아마리야나 "마리" 코프니'리틀 미스 플린트'라는 별명으로도 알려져 있습니다.는 '가방을 싸자Pack Your Back'라는 단체와 협력해서 도시의 학생들을 위한 책가방과 학용품을 10,000달러한화 약 1000만 원어치 넘게 기부받아 미국 미시건주 플린트의 식수 위기에 대한 관심을 불러일으켰습니다.

재화와 서비스 기부

현물 기부를 활용할 또 한 가지 방법이 있습니다. 그것은 바로, 여러분이 캠페인을 벌일 때 필요한 물건과 서비스를 기부받는 것입니다.

이 방법은 지역 사업체와 연결고리를 만들기에도 매우 좋습니다. 사업자들에게 전화를 걸거나 편지를 쓰거나 회사에 찾아가는 등

의 방법으로 접촉해 보세요. 내 경우에는, 기부 요청 편지를 미리 프린트해서 지역 사업체들을 찾아갔습니다. 문서 자료를 요구하는 사업자도 있거든요. 그리고 내 캠페인에 대해 설명했더니 효과가 아주 좋았습니다. 회사로 씩씩하게 걸어 들어와서 대놓고 기부를 요청하는 소녀를 무시하기란 쉽지 않거든요! 진정한 관심과 열의가 없다면 그런 행동을 할 수 없으니까요. 여러분이 현물 기부로 받을 수 있는 것을 몇 가지 예로 들어 보면 다음과 같습니다.

- 모임이나 행사에 쓸 음식
- 전문적인 사진이나 동영상 촬영 서비스
- 웹 디자인 또는 그래픽 디자인
- 라디오나 텔레비전 무료 광고—공영 방송국은 특정 사회운동이나 비영리 단체를 위해 광고 시간을 제공하는 경우가 많습니다.
- 팻말이나 전단지, 현수막 제작을 위한 공예용품이나 인쇄 서비스
- 사무용품과 공예용품
- 모임이나 행사를 주최할 장소 : 카페, 레크리에이션 센터, 종교 시설
- 경품 : 제품 샘플이나 펜처럼 무료로 제공할 수 있는 물건

보조금과 큰돈

보조금은 영원히 갚지 않아도 되는 선물과 같은 것입니다. 쉽게 말하면, 공짜 현금이지요! 일정한 규칙성이 없이 이루어지는 개별적 기부와 달리, 보조금은 계획된 일정에 따라 매년, 매 분기 등에 정기적으로 제공됩니다. 하지만 일정한 선정 과정을 통과한 단체나 활동에만 지급됩니다. 세상에 완전한 공짜는 없다니까요! 하지만 노력을 들일 만한 가치는 있습니다. 50만 원에서 5억 원까지, 또는 그 이상으로 금액이 어마어마하거든요!

그럼 어떻게 하면 보조금을 받을 수 있을까요? 신청해야 합니다. 보조금의 종류나 지급기관에 따라 신청에 필요한 서류가 조금씩 다릅니다. 하지만 보조금을 받아서 무엇을 할 것인지, 전체 예산은 얼마이고, 보조금을 받아서 어디에 어떻게 쓸 것인지 등을 밝히는 진술서는 거의 기본적으로 제출해야 합니다. 잘 작성된 크라우드 펀딩 안내문과 훌륭한 대학생 리포트를 결합한 정도 수준의 글을 써야 한다고 생각하면 됩니다. 보조금 신청서는 작성에 기술이 좀 필요한 서류입니다. 하지만 참고할 만한 책과 온라인 자료가 많습니다.

보조금을 받기 위해 핵심적으로 필요한 것은
자신의 이야기가 무엇이고 왜 중요한지를
솔직하고 설득력 있게 전달하는 것입니다.

설득력 있게 글을 쓰고 사진도 이용하세요. 다시 한번 4장을 보세요. 그래야 보조금 결정자들과 기부자들의 마음을 움직일 수 있고, 궁극적으로 공짜 돈을 얻을 수 있으니까요!

보조금 신청을 하는 것은 여러분의 일에 필요한 돈을 모으는 또 하나의 방법입니다. 물론 필수적인 것은 아니고, 시간도 많이 걸립니다. 하지만 신청하기로 결정했다면, 신청서를 쓸 때 여러분이 그동안 캠페인을 계획하고 메시지를 전달하기 위해 쏟았던 노력이 큰 도움이 될 거예요.

대부분의 보조금은 특정한 사회적 변화에 관심이 있는 개인이나 단체의 후원금에서 나오기 때문에 보조금 지급 대상이 되는 사회운동의 종류가 정해져 있습니다. 페미니스트적인 주제나 지역사회 조직에 지급하는 보조금을 찾기가 쉽지 않을 수도 있습니다. 그래서 지금부터는 어떤 보조금이 있는지 찾아보는 방법에 대해 이야기하려고 합니다.

지역에서 시작하라 우선 인터넷 검색창을 열고 '보조금' + '사는 지역'으로 검색을 해 보세요. 여러분이 사는 지역에서 후원금을 내는 사람이 누구고, 그동안 어떤 활동을 지원했는지 파악하세요.

전국적 데이터베이스를 검색하라 한국에서 신청 가능한 보조금을 알아볼 때, 가장 널리 쓰이는 전국적 데이터베이스는 비영리민간단체 보조금지원사업 관리정보시스템npas.mois.go.kr/main.do입니다. 많은 사업이 매년 초반에 신청을 받기 때문에 새해가 되면 잊지 말고 접속해서 신청해 보세요.

사회정의 관련 보조금을 찾아라 구체적으로 페미니스트와 관련된 사회운동을 지원하는 보조금은 가령 과학적 연구나 직접적인 원조 활동을 지원하는 보조금보다 적을 수 있습니다. 하지만 반대로 생각하면, 많지 않기 때문에 오히려 찾기가 더 쉬울 수도 있습니다. 이처럼 특정한 활동에 보조금을 지원하는 단체는 전통적인 후원 단체보다 규모가 작고 풀뿌리적 사고방식에 뿌리를 둔 경우가 많습니다. 보조금 액수는 적은 편이지만—수억 원이 아니라 수백 만원의 규모—시간을 투자해서 신청할 가치는 충분합니다.

자료 조사를 철저히 하라 여러분이 지원할 수 있는 보조금을 몇 개 찾아냈다면, 더 깊이 파고들어 보세요. 비영리 단체가 제공하는 보조금이면 한국가이드스타guidestar.or.kr에서 재정적인 부분과 기타 정보를 찾아볼 수 있습니다. 해당 단체의 홈페이지와 소셜미디어 계정을 살펴보고, 직원들과 뉴스 기사 링크를 적어 두세요. 그런 다음 더 깊이 파고들어 보세요. 해당 단체는 어떤 활동에 돈을 주었나요? 이런 정보를 알면 나에게 적합한 단체인지 알 수 있고, 그들과 관계를 맺는 데에도 도움이 될 거예요.

비영리 단체와 협력하라 비영리 단체에만 신청 자격을 주는 보조금도 있습니다. 처음부터 공식적인 비영리 단체를 설립하고 싶지 않다면물론 할 수도 있습니다. 217쪽을 참고하세요. 이미 설립되어 있는 비영리 단체와 협력하고 그 단체를 신탁 대리인으로 지정해서 신청할 수 있습니다. 그렇게 하면, 그 비영리 단체가 공식적으로는 보조금 수혜자로 지정되고, 그 단체를 통해 여러분에게 돈이 전달됩니

다. 비영리 단체는 보조금과 여러분의 활동에 대한 재정적인 책임을 져야 하므로 신탁 대리인 관계가 되는 것을 두고 심사숙고할 것입니다. 그러니까 여러분도 심사숙고해서 결정해야 합니다. 하지만 이 방법은 정말로 시도해 볼 만한 가치가 있습니다. 보조금을 받을 수 있는 새로운 기회라는 면에서도 그렇고, 여러분의 멘토가 될 수 있는 훌륭한 사회운동가들을 만날 기회가 될 수도 있다는 면에서도 그렇습니다. 여러분의 캠페인을 구상하는 단계에서 작성한 '동조자' 목록을 다시 보고84쪽 신탁 대리인이 되어 줄 만한 단체가 있는지 확인해 보세요.

규칙을 따르라 규칙을 하나도 어기지 말고 무조건 따르라고 조언하는 경우는 드물지만, 이 경우에는 규칙을 완벽하게 지켜야 합니다. 보조금 결정자가 여러분에게 우선 편지를 보내라고 하면'의향서'라고 합니다, 그렇게 하세요. 특정한 서류를 온라인 또는 우편으로 보내라고 하면, 그렇게 하세요. 지원자는 수없이 많고, 선정받기 위한 경쟁은 엄청나게 치열합니다. 규칙을 제대로 지키지 않으면 여러분의 신청서는 곧바로 '탈락' 서류 더미 속으로 던져질 거예요.

'결과 보고'에 충실하라 보조금을 받으면, 통상적으로 지원금을 어떻게 사용했으며 어떤 성과를 거두었는지에 대해 보고해야 합니다. 이것을 큰 부담으로 느낄 수 있지만, 공짜 돈을 받는 대신 해야 하는 일임을 잊지 마세요. 보조금을 주는 쪽이 요구하면, 진행 상황이나 결과에 대해 보고하는 것은 여러분이 당연히 져야 할 의무입니다. 게다가 여러분의 활동이 대성공을 거두면, 보조금 액수가 늘어나거나 추가로 1년간 돈을 지급받을 기회가 생길지도 모릅니다.

☆ **한번 더 생각해 봅시다**   ☆ ☆ ☆ ☆ ☆

1. 현금 흐름과 수입을 늘 확인하세요.

예산 운영 기술에 자신이 없으면, 모금을 시작하기 전에 장부를 작성하는 것에 대해 조금 더 배우세요. 부모님이나 보호자에게 어떻게 예산을 짜는지 설명해 달라고 하세요. 장부 작성 요령을 가르쳐 줄 수 있는 회계사를 아나요? 그렇다면 요점만 콕 집어서 가르쳐 달라고 부탁해 보세요.

2. 기부에 대해 창의성을 발휘하세요.

반드시 돈으로 기부할 필요는 없다는 점을 기억하세요. 여러분이 사는 지역의 어떤 사업체, 종교 단체, 기관들이 여러분의 활동에 기꺼이 도움을 줄 것 같은가요? 그런 단체나 기관으로부터 받고 싶은 물품이나 자원에 대한 목록을 작성하세요. 그런 다음 사업체 소유주나 단체 지도자와 접촉해서 도움을 요청할 수 있는 전략에 대해 멘토가 될 수 있는 어른과 함께 의논해 보세요.

3. 즐겁게 모금하세요!

돈을 모으는 것은 진지한 일이지만 그 과정을 즐겨 보세요. 일의 진행을 도와줄 강력한 팀을 만들고 필요할 때 서로서로 도와주세요. 새로운 방법을 하나, 하나 배울 때마다 여러분이 목표하는 변화에 한 걸음, 한 걸음 더 다가가게 될 거예요. (상투적인 말이지만 맞는 말이에요!)

☆ ☆ ☆ ☆ ☆ ☆ ☆ ☆ ☆ ☆ ☆ ☆ ☆

6

좀 더 체계적인 집단으로

만들어 볼까요?

정치적으로 엄혹한 시기에 우리가 함께 뭉쳐야 한다는 것은 마치 '하늘은 파랗다'나 '태양은 뜨겁다', '기후변화는 세상을 끝낼 것이다'라고 말하는 것과 같습니다. 너무나 당연하다는 말입니다. 더불어 일하는 것은 캠페인을 조직하고 사회운동에 참여하는 데 필수적입니다. 우리는 혼자서도 할 수 있지만, 그렇게 할 필요도, 의미도 없습니다. 지금부터는 어떻게 집단을 조직하고, 자원봉사자를 모집하며, 여러분의 활동을 지원해 줄 어른들과 협력하는 방법을 알아보겠습니다.

- 조직화를 한번 해 보자고요!   〉

"우리는 모두 같은 하늘 아래
같은 땅 위를 걷고 있습니다.
우리는 같은 순간을 함께 살고 있습니다."

– 맥신 홍 킹스턴, 중국계 미국인 작가

삶과 마찬가지로, 사회운동도 다른 사람들과 더불어 일하는 것이 필수적입니다. 앞 페이지에 있는 인용문은 맥신 홍 킹스턴의 첫 작품이자 자전적 소설인 《여인 무사》에서 한 여성이 위기가 닥친 순간에 다른 사람에게 한 말입니다. 저는 이 말이 보편주의비록 이 세상이 엉망진창일지라도 우리 모두 함께 이 세상을 살아가고 있다는 개념를 반영하고 있다고 생각합니다.

현재 여러분의 팀은 한 사람으로 구성되어 있을 수도 있습니다. 바로 여러분 자신 한 명. 당장은 여러분의 사회운동에 어떻게 사람들을 끌어들일지 생각하는 것이 조금 부담스러울 수도 있습니다. 하지만 모든 일을 혼자 다해야 한다고 생각하면, 그것이 더 두려울 거예요. 따라서 여러분은 도움을 받기 위해 손을 내밀어야 합니다.

2장에서 캠페인 계획에 대해 이야기하면서, 우리는 집단의 목표와 뜻을 함께하는 사람들을 구하고 함께 일하는 방법을 살펴보았습니다. 지금부터는 집단이 어떻게 여러분 활동에 힘을 실어 주는지, 어떻게 다른 사람에게 함께 일하자고 설득할 수 있는지, 그리고 구성원 모두에게 의미 있는 집단이 되려면 어떻게 해야 할지에 대해 조금 더 깊이 알아보겠습니다.

리더가 꼭 한 명일 필요는 없어요

대학 시절에 나는 공동 대표가 이끄는 교내 페미니스트 모임의 회원이었습니다. 그 모임의 대표는 언제나 두 명 또는 세 명이었습니다. 권력을 여러 사람에게 분산해 집단을 조직하고 운영하는 데 더 많은 사람의 의견을 반영하기 위해서였지요. 또한 더 평등한 의사 결정 구조를 갖추고 있었습니다. 누구도 다른 사람과 상의하지 않고는 큰 결정을 내릴 수 없었지요.

그러나 이런 공동 리더십 모델에 단점이 없는 것은 아닙니다. 때로는 한 리더가 다른 리더보다 일을 더 많이 할 수도 있습니다. 이런 상황이 발생하면 대화를 통해 일을 균형 있게 분담하는 방법을 찾아야 합니다. 일부 단점에도 불구하고, 공동 리더십 모델은 매우 잘 작동할 수 있습니다. 여러 사람이 참여하면 어느 한 사람이 혼자 하는 것보다 더 많은 일을 더 빠르게 달성할 수 있습니다.

공유 리더십은
어려운 만큼 효과적인 모델이 될 수 있습니다.

다른 리더십 모델로는 위계적 모델과 분권화 모델이 있습니다. 전자는 한 명의 리더가 있고, 몇 명의 부책임자를 두는 형태이고, 후자는 지도자가 아예 없는 형태입니다. 어떤 모델을 선택하든, 문제를 해결하기 위해 집단을 조직화하는 것은 일을 해내기 위해 꼭 필요한 일이고 검증된 방법입니다. 다른 사람이 많다는 것은 모든 결정을 여러분 혼자 내리지 않아도 된다는 뜻입니다. 신뢰할 수 있는 동료들과 아이디어를 논의하고 그들의 의견을 듣는 것은 무척 큰 도움이 됩니다.

또한 집단은 상호 영향을 통해 원동력을 만들어 내는 긍정적인 속성이 있습니다. 집단을 만들면, 여러분은 같은 뜻을 가진 사람들과 함께 있게 됩니다. 그들은 여러분의 사회운동을 진심으로 이해하고 기꺼이 일을 나누고 싶어 할 것입니다.

활동에 맞는 리더십 모델 고민하기

이제 여러분이 리더 그룹을 만드는 문제에 관심이 생겼을 테니, 조금 더 상세히 살펴보겠습니다. 사람들과 함께 거리로 뛰쳐나가거나 소셜미디어에서 본격적으로 사람들을 모으기 전에, 어떤 형태의 리더십이 여러분 활동에 가장 알맞을지 생각해 보아야 합니다. 다음 질문들을 던져 보세요.

- 나는 어떤 리더십 모델을 원하는가?
- 나는 단독 리더 될 것인가? 아니면 다른 한 사람이나 여러 사람과 공동 리더가 될 것인가?
- 리더들 사이에 위계적인 차이를 둘 것인가?

때로는 집단이 자연스럽게 만들어지기도 합니다. 시위가 끝난 뒤 의기투합할 수도 있고, 같은 학교에 다니는 학생끼리 모일 수도 있고, 페이스북에서 멋진 캠페인을 벌이다가 알게 된 사람들이 모일 수도 있습니다. 짠! 즉석 집단 완성! 이 경우에는 자연스럽게 모인 사람들이 리더 그룹을 어떻게 만들고 각자 어떤 역할을 맡을지 상의하면 됩니다.

하지만 여러분이 처음부터 어떤 의도를 가지고 집단을 만들 때는, 사람들을 모으기 전에 리더 그룹에 대한 계획을 세워 놓는 것이 좋습니다. 그래야 사람을 더 많이 모을 수 있습니다. 사람들은 명확한 목표와 역할이 있는 집단을 선호하기 때문입니다. 만약 공동 리더를 고려한다면, 다음 사항들을 고려하세요.

- 리더 그룹은 몇 사람이 적당한가?
- 공동 리더들은 각각 어떤 역할을 맡을 것인가?
- 리더 그룹이 일하는 모습이 어떻게 그려지는가?
- 그 일을 하는 데 어떤 기술이나 지식의 도움이 필요한가?
- 도움이 필요한 임무에는 어떤 것들이 있는가?
- 다양한 인종과 성 소수자를 포함한 사회적 약자들을 아우르려면 어떤 방법이 필요한가?

도움 요청하기

리더들의 역할 분담에 대해 생각할 때는 사람을 일대일로 만나서 각자의 강점과 관심사를 알아보아야 합니다. 친구, 선생님, 동아리 회원, 같은 반 학생 등, 함께 일할 사람과 접촉해 보세요. 사람들은 자신이 잘하는 일을 누군가가 해 달라고 부탁하면 대체로 좋아합니다. 자신의 능력을 인정받는 셈이니까요. 게다가 '모금 위원장' 같은 멋진 직함까지 얻게 된다면 싫다는 사람은 별로 없을 거예요.

당장 떠오르는 사람이 없어도 걱정하지 마세요. 여러분이 조직을 만드는 일을 열정적으로 도와줄 사람이 없나 잘 살펴보세요. 여러분 활동에 동참하고 싶어 하는 사람을 만나 이야기를 나누세요. 그러면서 머릿속 한편으로 리더 그룹의 모습을 그려 보세요.

리더와 자원봉사자, 둘 중 누가 필요한지 정확히 파악하기

사람을 너무 많이 모으기 전에 꼭 고려할 중요한 사항이 하나 있습니다. 리더가 될 사람이 필요한가, 아니면 자원봉사자가 필요한가?

캠페인 계획을 이미 다 세워 놓아서 팻말을 만들고, 일회성 행사에 참여하고, 전화를 돌리는 일처럼 단순히 일을 도와줄 인력이 필요하다면, 자원봉사자가 필요할 것입니다. 하지만 동시에 여러 캠페인을 기획하거나, 많은 세부사항과 사람들을 챙기거나, 노력과 시간이 많이 드는 전략을 짜고 있다면 공동 리더가 필요할 것입니다. 여러분의 몸과 뇌가 동시에 여러 장소에 있을 수는 없으니까요.

마법 같은 정답은 없습니다. 적절한 균형점을 찾기 전에 시행착오를 몇 번 겪을 수도 있습니다. 일단 소수의 리더 그룹으로 시작한 후, 캠페인과 전술의 규모가 커지고 바뀌는 것에 맞추어 새로운 직책을 만드는 것도 한 가지 방법입니다.

나와 함께할 사람들을 어떻게 찾을 수 있을까?

사람들을 모으기 위한 첫걸음은 일반적인 관심사를 나누는 모임을 만드는 것입니다. 사람들이 부담 없이 찾아와 여러분의 활동에 대해 알 수 있게 하는 거예요. 맨 먼저 할 일은 홍보입니다. 학교에 포스터를 붙이고, 소셜미디어에 글을 올리고, 동네에 초대장을 뿌리세요. 교실에서 옆에 앉는 친구를 초대하세요. 같은 운동부 친구들을 초대하세요. 이리저리 넓게 그물을 던져 보는 거예요!

일반적인 관심사를 나누는 모임의 목적은 사람들을 여러분 조직에 가입시키고 다음번 모임에도 참가하도록 만드는 것입니다. 관심이 있는 사람들이 다시 찾아오도록 만드는 가장 확실한 방법은 방명록을 통해 그 사람들의 정보를 수집하고, 바로 그 자리에서 다음 모임에 대한 정보를 알려 주는 것입니다. 명심하세요. 요청이 구체적일수록, 그리고 참여하기가 쉬울수록 더 많은 사람이 여러분의 요청에 응할 것입니다.

이런 모임은 아직 리더 역할을 배정하지 않은 상태인데 리더가 하는 수준의 일에 도움이 필요한 경우에도 쓸모가 있습니다. 여러분에게 필요한 능력이나 기술을 가진 사람이 누군인지 파악할 수 있기 때문입니다. 그런 사람들과 일대일로 만나서 이야기를 나누고 함께할 뜻이 있는지 확인해 보세요. 물어보기 전에는 모르는 일이잖아요! 다음 페이지에는 맨 처음 모임을 갖기 전에 확인해야 할 체크리스트가 있습니다.

도와주겠다는 사람이 너무 많아서 고민이라고요?

정말 행복한 고민이에요! 그래도 고민은 고민이죠. 수백 명의 사람을 의미 있는 방식으로 여러분의 일에 동참시키기는 쉽지 않습니다. 게다가 자원봉사자들은 때때로 여러분이 하는 일에 흥미만 보일 뿐, 일하는 것 자체는 좋아하지 않는 경우도 있습니다. 캠페인을 어떻게 할 것인지 기획하고, 시위 때 쓸 물품을 조달할 계획을 세우고, 회의를 하느라 내내 자리에 앉아 있는 것 같은, 흥미가 좀 떨어지는 일이라면 더욱더 그렇습니다.

일반적인 관심사를 나누는 모임을 위한 체크리스트

☐ 접근이 쉬운 장소(대중교통 이용자와 자가용 운전자뿐만 아니라 장애가 있거나 움직이는 데 제약이 있는 사람까지 고려해야 합니다.)

☐ 다음 사항들이 기재된 광고지 또는 초대장

○ 인식 제고, 설득, 동원 메시지가 담긴, 여러분의 활동에 대한 정보(간략하게 쓰세요.)

○ 날짜, 시간, 장소

○ 연락 가능한 담당자(아마도 여러분일 것입니다.)

○ 연락처(여러분의 연락처. 또는 여러분의 캠페인 전용 이메일 주소를 만드세요.)

☐ 다과(광고지와 게시물에 다과를 준다고 쓰세요! 공짜 싫어하는 사람은 없으니까요!)

☐ 이름표와 사인펜(비싸지 않은 백지 스티커가 딱 좋습니다.)

☐ 의제(인쇄물로 만들거나 칠판이나 화면으로 보여 주세요.)

☐ 참고 자료(여러분의 활동을 알리는 팸플릿, 기사, 동영상 등.)

☐ 방명록 및 가입서(모임이 끝난 뒤에 연락할 수 있도록 이메일 주소와 전화번호 정보를 수집하세요.)

☐ 다음 모임 날짜(모임 날짜를 공지하고 또 오라고 권유하세요.)

많은 사람이 돕고 싶은 마음은 있지만 핵심 조직화 작업에는 참여하고 싶어 하지 않는다면, 여러분에게는 공동 리더 그룹은 없고 자원봉사자 집단만 있는 셈입니다. 물론 이것만으로도 멋진 일입니다! 적절한 상황과 때가 되어 대중 동원이 필요하면, 그 자원봉사자 그룹을 활용할 수 있으니까요.

그렇지만……아주 중요한 '그렇지만'입니다. 모든 자원봉사자가 의사 결정자가 되도록 내버려 두거나 모든 사람에게 중요한 역할을 하나씩 주어야 한다고 생각하지는 마세요. 정말로 필요한 일이 무엇인지 처음부터 솔직하게 말하고 그 역할에 맞는 사람을 모으는 것이 중요합니다. 자원봉사자는 자신이 하는 일이 별 가치가 없다고 느끼면 의욕을 잃습니다. 할 일이 없어지면 금세 그것을 알아차리기도 하고요.

하지만 한편으로는, 자원봉사자들이 나중에 리더가 될 수 있다는 점도 잊지 마세요. 특별히 더 헌신적인 사람이 눈에 띌 거예요. 그런 사람을 잘 지켜보세요. 그들은 항상 의견을 제시하고 귀찮은 일도 기꺼이 돕겠다고 나설 것입니다. 아이디어를 공유하고, 작은 일을 하면서도 진심으로 열의를 보일 것입니다.

마지막으로, 사람들은 열정적이고 결과물을 만들어 내는 사람에게 끌리는 경향이 있습니다. 따라서 여러분의 핵심 그룹이 여러분과 너무 비슷한 사람만 모여 있어서 사회의 다양성을 충분히 반영하지 못하고 있다는 생각이 들면, 한걸음 뒤로 물러서서 중요한 사람을 빠트린 것은 아닌지 살펴보세요.

아무도 오지 않으면 어떻게 할까?

괜찮습니다. 낙담하지 마세요! 몇 사람만 와도 대단한 일입니다! 집단의 크기가 작으면 오히려 모임 내용은 훨씬 알찰 수도 있습니다. 참석한 사람 한 명 한 명이 어떤 사람이고, 왜 그 모임에 왔는지도 알아볼 수도 있고요. 실제로 일을 기획하고 어려운 결정을 내릴 때는 소수의 사람만 필요합니다. 사실 나는 미적지근한 사람 스무 명보다는 열정적이고 일할 준비가 되어 있는 사람 두 명이 오면 훨씬 더 좋습니다.

여러분 활동에 동참할 사람을 찾을 수 없다고 해서 활동이 실패한 것은 아닙니다. 집단이 있으면 좋지만, 그렇지 않더라도 협력하거나 지원받을 방법은 많습니다. 예를 들면, 더 큰 집단에 여러분의 활동을 후원해 달라고 하거나 이미 지역사회에서 진행되는 더 큰 행사와 연계할 수도 있습니다.

더 안전한 공간 만들기

사회운동이 상호교차성을 갖도록 하는 것은 우리 모두의 해방을 위해 필수적입니다 상호교차성에 관한 상세한 논의는 293쪽에 있습니다. 개개인이 직면하는 정체성과 어려움을 이해하지 않고서는 그들을 도울 수 없습니다. 집단을 조직하는 데 있어 상호교차성은 누구나 참여할 수 있고, 평가당하거나 위협받는 기분을 느끼지 않고 자신의 의견을 말할 수 있는 것을 의미합니다.

현실적으로 모든 사람에게 100% 안전한 공간은 없지만, 사려 깊게 기획하고 여건을 조성함으로써 공간을 더 안전하게 만들 수는 있습니다. 지금부터 그 이야기를 해 보겠습니다.

모든 사람에게 편리한 모임 장소를 고른다

다음에 나오는 요건들은 한 장소에 너무 많은 것을 조건을 다는 것처럼 보일 수도 있지만, 대부분의 학교·종교 시설·캠핑장·식당·카페·레크리에이션 센터 등이 이미 충족하고 있는 것입니다.

- 물질적인 공간이 휠체어를 사용하거나 오랜 시간 서 있기 불편한 사람들이 접근할 수 있고 편안한 곳인지 점검하세요.
- 몸 크기와 상관없이 사람들이 편안하게 앉을 수 있는 크기의 의자를 마련하세요. 가능하면 팔걸이가 없는 의자가 좋습니다.
- 대부분의 사람이 자기 차를 가지고 오는 경우에는 주차장에서 모임 장소까지의 거리를 고려하세요.
- 가급적 버스나 지하철로 갈 수 있는 곳을 선택하세요. 대중교통이 불편한 곳이면 교통수단 또는 카풀을 제공하고 그 내용을 안내문 및 포스터에 기재하세요.
- 모국어가 외국어인 사람들을 초대할 예정이라면 통역을 제공

하세요. 이것은 비용이 발생하므로 예산을 짤 때 고려해야 합니다.

기본 규칙들을 브레인스토밍한다

모임을 본격적으로 시작하기 전에, 서로를 존중하는 행동을 위해 필요한 기본 규칙들에 대한 아이디어를 내게 하고 공유하세요. 이렇게 하면 우호적인 분위기가 조성되고 서로 공감하는 가치를 공유할 수 있어서 집단의 목표를 달성하는 데 도움이 됩니다. 261쪽에 널리 통용되는 전통적인 규칙들이 나와 있습니다. 사회운동을 할 때만이 아니라 평소에도 안전한 공간을 만든데 도움이 되는 규칙들이에요.

선호하는 대명사를 공유할 기회를 제공한다

이것은 영어처럼 성별을 나타내는 인칭대명사가 발달된 언어를 사용하는 경우, 트랜스젠더와 젠더 비이분법적 성 정체성이나 젠더 비순응적 성 정체성을 가진 사람들에게 환영받는 기분을 느끼게 하기 위한 규칙입니다. 나는 자기소개를 하기 전에 나를 부를 때 어떤 대명사를 쓰면 좋은지 밝힙니다. 하지만 다른 사람들에게 그것을 강요하지는 않습니다. 어떤 사람들은 그것을 불편하게 여길 수도 있기 때문입니다. 특히 자신의 성 정체성을 사실대로 밝히는 것이 안전한지 확신하지 못할 때 그렇습니다. 특정한 대명사 사용법을 강제하는 느낌이 들지 않도록 하는 방법 하나는, 입구에 대명사를 적은 스티커들을 두고 자유롭게 고르게 하거나 이름표에 선호하는 대명사를 적을 수 있도록 빈칸을 두는 것입니다.

발언자를 정할 때는 소외된 사람들을 우선 배려해야 한다

모임에서는 여러 사람이 발언하는 것이 좋습니다. 하지만 시간 제약 때문에 모두 발언할 수 없으면, 소외된 사람들을 우선 배려하세요. 예를 들어, 몇몇 사람이 발언하려고 손을 든다면 사회자는 아직 한 번도 말을 하지 않은 사람을 우선 지목하는 게 좋습니다. 아주 많은 사람이 손을 든다면 사회자는 소외된 정체성을 가진 사람을 먼저 지목합니다. 발언 기회가 이런 식으로 정해진다는 것을 참석자들에게 미리 공지하고 동의를 얻는 것이 좋습니다.

모임을 효과적으로 진행하는 법

나쁜 모임에 참석해 본 적이 있나요? 나쁜 모임은 절대 끝나지 않을 것 같은 수업과도 같은 느낌입니다. 그렇다면 어떻게 해야 모임을 성공적으로 꾸릴 수 있을까요? 어떻게 해야 사람들이 지루하

전통적인 기본 규칙들

하나의 마이크 한 번에 한 사람씩 발언하고, 다른 사람의 발언을 방해하거나 잡담을 해서는 안 됩니다.

나설 때와 물러설 때 시간과 공간의 제약을 고려해서 말을 더 해도 될지, 나서지 않는 게 좋을지를 잘 판단해야 합니다.

자신의 편견을 인지하라 고정관념으로 사람들의 외모·말·행동을 판단하면 안 됩니다.

자신에 대해 말하라 되도록 '저는'이라는 말로 시작하고, 다른 사람이나 집단 또는 정체성에 대한 단순화와 일반화를 피해야 합니다.

다른 사람 말을 선의로 받아들여라 누군가 적절한 용어를 사용하지 않거나 표현이 서툴러도 일단 선의로 한 말이라고 가정해야 합니다.

정정할 수 있는 열린 분위기를 만들어라 누군가가 발언 중에 불쾌하거나 부적절한 표현을 불쑥 내뱉으면, 그냥 지나가거나 안 좋은 분위기를 유지하기보다는 그 표현을 부드러운 방식으로 정정할 수 있는 열린 분위기를 만들어야 합니다.

아이코!/죄송! 누군가가 다른 사람의 마음을 다치게 하는 말을 하면, '아이코!'라고 반응하고, 발언을 한 사람은 '죄송(합니다)!'으로 응답해 미안함을 표시하는 분위기를 만들어야 합니다. 이렇게 하면 최소한 문제의 발언을 그냥 지나치지 않을 수 있습니다. 그리고 한 걸음 더 나아가, 참석자들이 왜 특정 발언이 마음을 상하게 하는지를 놓고 열린 대화를 나누는 기회가 될 수도 있습니다.

비밀 유지 모임에서 나눈 모든 대화는 모임 안에서 끝나야 합니다. 개인 정보나 사적인 이야기는 모두 비밀로 간주하고 다른 데서 말하지 말아야 합니다. 성 소수자나 소외된 정체성을 가진 사람을 강제로 '커밍아웃'하게 하는 일이 일어나서는 안 됩니다.

고 산만하게 느끼지 않고, 의욕적이고 열심히 참여하는 모임이 될 까요? 간단히 말하면, 좋은 모임은 계획이 잘 짜여 있고 효율적입 니다. 짧고약 한 시간, 효과적이며명확한 목적과 의제, 실천이 가능한 결 과명확한 목표를 끌어냅니다.

이 장에서는 어떻게 계획을 세워야 모임을 최대한 효율적으로 진행할 수 있을지에 대한 도움말을 줄 것입니다. 새로운 사회운동 가 그룹을 만들 때, 특정 사안을 설명하기 위해 사람들을 모을 때, 지역사회 동조자들과 함께 대규모 캠페인 전략을 짤 때 등, 어느 경우에나 활용할 수 있는 방법입니다.

모임은 재미있을수록 좋아요

사람들이 모임에 오고 싶게 만들고 싶으세요? 그렇다면 모임을 재미있게 만들어야 합니다. 그리고 모두가 보람 있는 시간을 보내 야 합니다.

마음의 양식뿐 아니라 몸의 양식을 제공하라 공짜 음식은 사람을 끌어당깁니다. 정말로요! 음식은 사람들을 더 편안하게 만들고, 환 영받는 분위기를 자아냅니다. 음식을 함께 먹으면 사람들은 서로 를 좀 더 친근하게 느낍니다. 음식비는 예산에 들어 있는 항목이지 만208쪽을 참고하세요., 각자 음식을 준비해서 모이면 비용을 아낄 수 있습니다. 더구나 사람들이 조직에 기여하는 기분도 느낄 수 있으니, 일거양득입니다.

최대한 명확하게 하라 모임의 주제가 무엇이고, 무엇을 의논할지, 그리고 모임에 참석하는 것이 왜 중요한지에 대해 모호하게 말하면 안 됩니다. 이 내용을 초대장·전단지·이메일 등을 보낼 때 같이 보내세요. 단, 지나치면 안 됩니다. 장황하게 쓸 필요는 없지만, 사람들의 참석을 이끌기 위해 모임의 전후 사정을 이야기하는 것을 잊지 마세요.

사회적이고 편안한 분위기를 만들어라 적절하다고 판단되면, 모임의 첫 부분에 사교를 위한 시간을 가지세요. 음악을 틀고, 대화하기 좋게 자리를 배치하세요. 이렇게 하면 사람들이 모임에 소속감을 느끼고 서로에 대해 알아볼 기회가 생깁니다. 하지만 수다를 피하고 싶은 사람도 있을 수 있으니, 시간을 제한하고 미리 공지하세요.

어색함을 깨는 활동을 활용하라 사람들이 긴장을 풀고 모임에 빠져들게 하는 데 도움이 됩니다. 진지하거나 재미있는 질문에서부터 게임이나 즉흥 연기까지, 어떤 활동도 괜찮습니다.

264쪽을 참고하세요

어색함을 깨기 위한 최고의 방법들

아래에 대화를 시작할 때 쓰면 좋은 질문들을 소개합니다. 다양한 성격의 모임에서 효과가 있기 때문에 나도 늘 즐겨 하는 질문들입니다.

분위기 조성을 위하여

참석자들이 앞으로 할 일에 집중할 수 있도록 도와주는 질문들입니다.

★ 이 모임에 참석하신 이유를 물어봐도 될까요?(일반적인 관심사를 나누는 모임이나 지역사회 행사, 발표회 등에서 유용합니다.)

★ 이 모임에서 무엇을 얻고 싶으신가요?

★ [모임에서 제기하는 문제]가 10년 뒤에는 어떻게 되어 있기를 바라시나요?

재미있고 개인적인 질문

사교적인 분위기가 조성되고 사람들이 웃을 수도 있는 질문들입니다.

★ 어릴 때 장래희망은 무엇이었나요?

★ 어릴 때 가장 좋아했던 텔레비전 프로그램이나 영화는 무엇인가요?

★ 아무 식당이나 골라서 음식을 주문할 수 있다면, 어떤 음식을 주문하고 싶으세요? 이유는요?

★ 어디든 무료로 휴가를 갈 있다면, 어디로 가시겠어요? 이유는요?

역할을 분담해요

각자 다른 역할을 하는 리더 그룹이 있다면 성공적인 모임이 될 가능성이 큽니다. 역할은 모임 전에 미리 정할 수도 있고, 모임을 시작하면서 정할 수도 있습니다. 꼭 있어야 하는 역할은 다음과 같습니다.

사회자 모임의 리더입니다. 모임을 진행하고, 의제를 제시하고, 집단 활동과 토론을 주도하고, 모든 이의 참여를 보장하고, 토론을 활성화하고, 개회와 폐회를 맡습니다. 모임을 할 때마다 새로 사회자를 뽑아도 되고, 한 사람이 계속 맡을 수도 있습니다.

서기 기록하는 사람입니다. 모임에서 오간 말들을 회의록에 기록으로 남겨 모임이 끝난 후에 참석자들에게 보내 줍니다. 또한 나중에 연락하기 위한 연락처 수집에 필요한 방명록이나 개인 정보를 관리하기도 합니다.

상황에 따라 다음의 역할도 핵심 구성원들에게 맡길 수 있습니다.

시간 관리자 시계를 계속 보면서 사회자가 모임을 시간에 맞춰 진행할 수 있도록 도와주는 거예요. 한 의제에 할당된 시간이 다

되어 가면, 사회자에게 이를 알려 현재의 논의를 마무리하고 다음 주제로 넘어갈 수 있도록 하는 역할을 합니다.

시각 자료 담당자 이 역할은 필수적이지는 않습니다. 상황에 따라 그 자리에서 바로 담당자를 정할 수도 있습니다. 모임이 진행되는 동안 서기가 글과 관련된 일을 한다면, 시각 자료 담당자는 말 그대로 시각 자료를 담당합니다. 참석자들이 마인드맵 활동을 할 때 화이트보드에 그림을 그려 주는 일은 이 사람이 맡게 됩니다. 시각 자료 담당자가 있으면 사회자는 집단 활동을 주도하는 일에만 집중할 수 있습니다.

좋은 의제

의제는 모임에서 토의할 사안과 결정할 사안을 말합니다. 의제를 미리 잘 정해 놓으면 모임이 지나치게 길거나 지루해지지 않습니다.

모임을 기획하는 사람이 의제를 정해서 사람들에게 미리 보내 주면 좋습니다. 그때 회원들에게 다른 의제를 제안해 달라고 요청할 수 있습니다. 또한 모임 자리에서 모두의 참여와 동의에 따라 '합의 의제'를 만들 수도 있습니다. 어떤 방법을 택하든 의제에는 반드시 다음 내용이 포함되어야 합니다.

- 각각의 의제에 대해 발언할 사람들의 이름
- 각각의 의제를 논의하는 데 필요한 현실적인 시간보통 5~10분이 적당합니다.
- 의제들을 모두 다루는 데 걸리는 총 시간

모임 시간은 한 시간 정도를 목표로 잡으세요. 이보다 길어지면 휴식이나 간식 없이 사람들이 집중력을 유지하기가 쉽지 않으니까요. 또 모임이 끝난 뒤에 실행할 행동 방침도 잘 정리해야 합니다. 서기뿐만 아니라 행동 방침을 실제로 수행할 사람도 그 내용을 잘 기록해 두어야 합니다. 모임의 마지막 5분은 행동 방침을 검토하고 다음 모임 날짜를 정하기 위한 시간으로 남겨 두세요. 그렇게 해야 모임이 산만해지지 않고 앞으로의 일정도 착오 없이 진행됩니다.

의사 결정은 어떻게 하나요?

사람들이 서로를 존중하고 규칙을 잘 따르더라도, 어떤 문제에 접근하는 방식은 저마다 다를 수 있습니다. 만약 긴급히 결정해야 하는 사안이라면 각각 다른 의견을 놓고 토론하기보다는 집단적 의사 결정을 통해 빨리 결정하는 게 좋습니다. 그런 상황에 대비해 집단적 의사 결정을 내리기 위한 방법도 미리 정해 두어야 합니다.

의사 결정을 하는 효과적인 방식 몇 가지를 소개합니다.

만장일치 앞으로의 행동 방침에 대해 모든 사람이 동의해야 하며, 합의할 때까지 토론합니다. 물론 100% 의견 일치가 이상적이지만, 늘 그렇게 하기는 어렵기 때문에 수정된 모형들이 있습니다. 그 중 하나가 '만장일치 빼기(-) 1' 방식입니다. 한 사람만 빼고 모든 사람의 의견이 같으면 만장일치로 보는 것입니다.

투표 투표와 관련된 조건 중 하나로 일정 수의 구성원이 참가하지 않으면 투표를 하지 못한다는 것이 있습니다. 이 수를 '정족수'라고 합니다. 대부분의 단체는 정족수 조건을 채택합니다. 정족수는 투표자의 절반 정도의 인원인 경우가 일반적입니다. 또한 결정을 확정하기 위해 필요한 최소한의 찬성표 수를 정하기도 합니다. 예를 들어, 다수결 또는 3분의 2 이상 찬성 등이 있습니다. 영향력이 크고 장기적인 효과를 낳을 결정에 대해서는 최소한 3분의 2 이상의 찬성표를 확보하는 것이 좋습니다. 투표는 손을 드는 방법 등으로 공개적으로 할 수도 있고, 종이에 적어 개표하는 방법을 통해 익명으로 진행할 수도 있습니다.

선택적 참여형 투표 어떤 결정이 단체 내 특정 사람들에게 더 큰 영향을 미칠 때 적합한 방식입니다. 예를 들어, 사무실을 성중립 화장실[17]이 없는 곳으로 옮겨도 될지 결정해야 하는 상황이라면 딱히 의견이 없거나 이해관계가 없는 사람보다 성중립 화장실을 선호하는 사람들이 더 신경을 곤두세우게 됩니다. 따라서 투표 결과에 영향을 많이 받는 사람들만 의사 결정 과정에 참여하도록 하는 방법을 채택할 수 있습니다.

의견 불일치를 해결하는 방법

모든 사람의 의견이 항상 같을 수는 없습니다. 이는 불가피하기도 하고 꼭 나쁜 일만도 아닙니다. 의견 불일치는 건강한 것입니다! 하지만 의견 불일치를 조정하는 일이 난감하게 느껴질 수는 있습니다. 어느 한쪽만 편을 들어 상대편의 기분을 상하게 할 수도 있기 때문이지요. 그래서 미리 계획을 세워 두는 것이 무척 중요합니다. 의견 조정을 위한 토론을 할 때는 앞에서 말한 기본 규칙들을 되새겨야 합니다(261쪽). 서로를 존중하고, '말을 할 때는 '저는'으로 시작하고, 한 번에 한 사람씩 말하고, 비밀을 지키고, 상처 주는 발언이 나오면 '아이코!'나 '죄송(합니다)!'이라고 말해야 합니다. 이런 규칙들을 잘 따르면 참여자 모두 차분하게 토론할 수 있습니다.

토론이 지나치게 과열되면 잠시 휴식하거나 바람을 쐬고 오세요. 물을 마시거나 간단히 음식을 먹는 것도 좋고요. 그렇게 마음을 가라앉힌 다음 다시 쟁점을 토론하세요. 회의가 너무 길어지면 사람들이 짜증 날 수도 있거든요! 의견 차이가 너무 크면 양쪽 의견을 충분히 논의할 수 있도록 추가로 모임을 갖는 것도 좋습니다.

---

17. 성별 구분 없이 이용할 수 있는 화장실.

모두가 자유로워지기 전에는 아무도 자유롭지 않다.

                                     – 패니 루 해머, 흑인 시민운동가

자원봉사자는 이렇게 지원하세요

자원봉사자들이 소중한 시간을 바치는 것은 여러분이 벌이는 사회운동의 대의에 진심으로 관심이 있기 때문입니다. 따라서 그들과 계속 함께 일하고 싶다면, 그들을 존중하고 좋은 관계를 형성해야 합니다. 보수 없는 노동은 선물과 같습니다. 감사히 여겨야 합니다!

커뮤니티를 만드는 데 한 가지 결정적인 요소는 관계 구축이고, 거기에는 자원봉사자와의 관계도 포함됩니다. 만약 여러분이 아무 보수를 받지 않고 사회운동을 한다면 여러분 또한 자원봉사자입니다. 여러분과 함께 일하는 공동 리더들과 핵심 팀원들도 마찬가지고요. 이런 넓은 의미의 자원봉사자 외에, 이메일 수신자 목록에 있으면서 집회나 행사가 있을 때 참석하거나 여러분의 활동 중 특정한 일에만 자원봉사하는 사람도 있습니다. 바로 이런 사람들이 여러분이 관리하고 통솔하고 지원해야 하는 자원봉사자들입니다.

캠페인·행사·모금 종류에 따라 자원봉사하러 오는 사람들이 그때그때 다를 수 있지만, 여러분과 자원봉사자들이 서로를 도울 필요가 있다는 사실은 변함없습니다.

지금부터는 열정적이고 헌신적인 자원봉사자들과 좋은 관계를 맺는 방법을 소개하겠습니다.

솔직하고 명확하게 말하라 자원봉사자를 잃는 가장 쉬운 방법은 그들이 하는 일에 대해 명확하지 않게 말하는 것입니다. '그냥요, 아시죠, 이것저것 도와주세요.'라는 말로는 열성적인 활동을 기대하기 어렵습니다. **특별한** 기술이나 경력이 필요하거나 시간과 노력이 많이 드는 일이라면 더더욱 그렇습니다. 여러분 자신에게 다음 질문들을 던져 보세요.

- 구체적으로 자원봉사자들이 어떤 일을 하기를 바라는가?
- 그 일을 하려면 시간이 얼마나 걸리는가한 시간/하루/일주일/일 년?
- 내가 아니라면 자원봉사자들은 누구에게 보고해야 하는가?
- 자원봉사자들은 혼자 일하는가, 아니면 다른 사람들과 함께 일하는가?

모든 일을 중요한 일로 만들어라 전화를 걸거나 스프레드시트에 숫자를 입력하는 것처럼 사소해 보이는 일이라도, 이 일이 목표 달성에 구체적으로 어떤 도움이 되는지 자원봉사자들에게 말해 주세요. 도움을 요청할 때 '데이터 입력을 도와주세요!'처럼 말하는 것은 별로 좋은 방법이 아닙니다. 그 일이 숙제처럼 느껴질 테니까요. 이런 식으로 말하는 게 좋습니다. "성 소수자 차별을 없애도록 도와주세요!" 그것이 바로 궁극적으로 여러분이 하는 일이니까요. 그리고 데이터 입력은 궁극적인 목적을 달성하는 과정일 뿐이고요. 무슨 일을 해야 하는지 사실대로 말하되, 동기 부여를 위해 더 큰 목표와 연결해서 설명해 주는 것이 핵심입니다.

참여에 대한 인센티브를 제공하라 자원봉사자들이 열심히 일하도록 동기 부여하는 멋진 물품을 사는 데 돈이 엄청 많이 필요한 것은 아닙니다. 돈이 아주 많다고요? 잘됐네요! 티셔츠나 배지 같은 것들을 사세요! 하지만 참여를 독려하는 방법에는 아예 무료거나 비용이 조금밖에 들지 않는 것도 있습니다. 소셜미디어를 통해 자원봉사자들에게 공개적으로 감사 인사를 하세요. 대학 입학이나 취업에 필요한 추천서를 써 주세요. 학교에서 필수적으로 요구하는, 봉사활동 증명서를 발급해 주세요이것은 어른의 도움이 필요합니다. 그리고 다시 한번 말하지만, 무료로 음식을 제공하세요. 정말로 도움이 된다니까요!

자원봉사자들은 자신들의 일이 원대한 목표를
이루기 위한 노력의 일환이기를 바랍니다.
그리고 같은 뜻을 가진 사람들과
함께 일하는 것을 좋아합니다.

공동체임을 느끼는 순간들을 만들어라 자원봉사자들은 자신들의 일이 원대한 목표를 이루기 위한 노력의 일환이기를 바랍니다. 그리고 같은 뜻을 가진 사람들과 함께 일하는 것을 좋아합니다. 하루 동안 전화 거는 일을 하는 자원봉사자든 장기간에 걸친 봉사를 하는 자원봉사자든 상관없이 시간을 내서 자원봉사자들이 서로 인사할 수 있는 자리를 마련하세요. 커피를 마시면서 잠시 쉬거나 간식 시간을 가져서 사람들이 서로 만날 수 있도록 하세요. 자원봉사자들이 맡을 업무에 대해 설명을 들으러 올 때 어색함을 깰 즐거운 활동을 준비하세요264쪽 참고. 자원봉사자들이 혼자 일하거나 재택근무를 할 경우에는 이따금 직접 만날 기회를 만드는 것도 좋습니다. 또한 자원봉사자들이 온라인으로 만나고 소통할 수 있도록 페이스북 그룹을 만들거나 화상채팅이나 인스턴트메시지 그룹을 만들어 보세요. 공동체라는 느낌이 들면 자원봉사자들은 따뜻하고 포근하고 행복한 기분을 느낄 것이고, 연대하고 지지받는 느낌을 받을 것입니다.

자원봉사자들이 소중한 시간을 바치는 것은
여러분이 벌이는 사회운동의 대의에
진심으로 관심이 있기 때문입니다.
따라서 그들의 일이 큰 도움이 된다는 사실을
그들이 알게 하는 것이 중요합니다.

"감사합니다"라고 말하라 무엇보다도 자원봉사자들은 자신이 여러분의 활동에 도움이 되는 중요한 일을 하고 있고, 여러분이 자신을 존중하고 고맙게 생각한다는 느낌을 받고 싶어 합니다. 그들이 자원봉사하는 기간 내내 함께 시간을 보내면서 틈만 나면 고맙다는 말을 하세요. 고맙다는 말은 아무리 많이 해도 지나치지 않습니다. 캠페인의 진행 상황에 대해 정기적으로 알려 주세요. 자원봉사자가 여러 명이면 봉사 기간이 끝난 뒤에 이메일이나 진정성이 담긴 손 편지로 귀여운 카드를 써 보세요. 감사 인사를 전하세요. 서로 존중하는 문화를 만들면 자원봉사자들에게 동기 부여하는 데도 도움이 되고, 그들이 앞으로도 계속 봉사 활동을 할 가능성도 커집니다!

부모님 또는 보호자와 이야기하기

부모님이나 보호자와의 관계는 사람마다 다릅니다. 아주 친할 수도 있고, 몇 년 동안 제대로 된 이야기 한 번 안 나누었을 수도 있습니다. 같이 살 수도, 떨어져 살 수도 있습니다. 사회운동에 대해 의견이 일치할 수도 있고, 정치적 입장이 정반대일 수도 있습니다.

가족 관계는 매우 복잡하고, 여러분은 각자가 특수한 관계에 처해 있을 것입니다. 지금부터 하는 이야기는 부모나 보호자가 여러분을 지지해 줄 경우에 특히 더 도움이 될 거예요. 하지만 그런 관계가 아니더라도, 여러분이 앞으로 나아가고 성공하기 위해 필요한 어른들의 지지를 얻는 데 도움이 될 것입니다.

부모님께 허락받기

내가 처음 사회운동을 시작했을 때, 우리 부모님은 조금 재미있다는 듯이 나를 바라보았습니다. '이 페미니즘이라는 것이 도대체 무엇이고, 네가 어떻게 해서 관심을 가지게 되었을까?'라는 듯이 말이에요. 하지만 나는 행운아였습니다. 부모님은 내가 하는 일을 모두 이해하지는 못해도, 나를 항상 지지해 주고 나를 자랑스러워했거든요. 물론 그렇다고 해서 부모님과 항상 의견이 일치했던 것은 절대 아닙니다. 큰 갈등을 몇 번 빚기도 했습니다.

부모님과 사이가 좋다면 여러분이 하는 일에 대해 부모님과 이야기를 나누어 보세요! 틀림없이 부모님은 여러분이 뭔가를 꾸미고 있다는 사실을 알고 계실 거예요. 그러니 모든 것을 숨길 생각은 하지 마세요. 가장 이상적인 모습은 부모님이 여러분이 하는 일을 자랑스러워하고 전적으로 지원해 주는 것입니다. 그런 지지와 지원을 이끌어내는 첫걸음은 모든 것을 솔직하게 말하는 것입니다.

부모님이 소녀 저항 운동을 조금이라도 못마땅하게 생각한다면 어떻게 그분들을 설득할 수 있을까요? 5장에 나온 설득과 인식 제고 메시지를 떠올려 보세요. 이 경우에도 적용할 수 있으니까요! 대화를 시작하기 전에 무슨 말을 어떻게 할지 생각해 보세요.

예를 들어, 큰 도시에서 열리는 행진에 참여하기 위해 부모님에게 허락을 받아야 하는 상황을 생각해 봅시다. 허락을 받는 방법은 아래와 같습니다.

1. 부모님의 신뢰를 얻는다. 부모님에게 뭔가를 숨길 의도가 없으며 누구와 함께 어디를 가는지 알리고 싶다는 것을 보여 주세요. 거짓말하지 마세요. 사실만 말하세요.

2. 그 일이 여러분에게 왜 중요한지 설명한다. 앞서 말한 인식 제고와 설득 메시지를 사용해 여러분이 지금 관심이 있는 사안이 왜 심각한 문제인지, 그리고 여러분이 왜 이렇게 적극적으로 행동에 나서고 싶은지를 분명하게 설명하세요.

3. 구체적인 계획을 보여 준다. 아마도 부모님은 질문을 쏟아 낼 거예요. 이때 가능하다면 여러분은 구체적인 행동 계획을 알려 줘야 합니다. 어디로 갈 계획인지, 시위 장소까지 어떻게 이동할 것인지, 숙소는 어디인지, 여러분의 권리와 안전을 지키기 위해 어떤 대책을 세워 놓았는지, 시위 주최자는 누구인지를 구체적으로 말하세요.

4. 부모님의 처지를 이해하세요. 성숙한 태도로 대화하세요. 침착하게 말하세요. 부모님을 비난하지 마세요. 여러분을 걱정하고 안전하기를 바라는 부모님의 마음을 여러분이 잘 안다는 사실을 보여 주세요. 허락하는 것이 부모님에게는 어려운 일이라는 것을 잘 알지만 그래도 여러분을 믿어도 된다고 말하세요.

- **부모님이 가르쳐 준 도덕적 가치를 상기시킨다** 여러분의 부모님이나 보호자는 여러분의 첫 번째 도덕적 잣대입니다. 그분들

은 여러분에게 옳은 일을 위해 나서라고, 강인하고 현명하게 행동하라고, 다른 사람들을 배려하라고 가르쳤습니다. 부모님이 여러분께 가르쳐 준 이상과 도덕과 윤리를 부모님께 상기시켜 보세요.

- **반대 의견에 대비한다** 부모님을 안심시킬 수 있도록 심사숙고해서 합리적인 답변을 미리 준비해 두세요.
- **필요하면 타협한다** 부모님을 설득할 수 없다면 대안을 생각해 보세요. 부모님하고 같이 시위에 가자고 제안해 보면 어떨까요? 몇 시간 간격으로 전화를 드리겠다고 하거나 집회 장소에서 조금 일찍 자리를 뜨겠다고 말해 보는 것은 어떨까요?

부모님이 완강하게 반대하면 어떻게 해야 할까요?

답하기 매우 어려운 질문이지만, 현실적으로 말해 보겠습니다. 우선, 이런 상황은 생각보다 흔합니다. 그러니 여러분만 겪는 일이라고 생각하지 마세요. 그럼에도 속상하고 좌절감도 들 거예요. 여러분에게 가장 필요하고 의지가 되는 사람들과의 관계를 망치지 않으면서도 여러분의 마음이 시키는 일을 할 수 있는 방법을 찾아야 합니다.

앞에서 말한 여러 전략—무슨 말을 할지 미리 준비하기, 설득하기, 왜 중요한지 알리기—을 사용해 보세요. 만약 부모님과 서로

사랑하고 신뢰하는 관계라면, 아마도 '너를 믿고 지지하지만 모든 것을 동의하는 것은 아니다.'라는 수준까지는 갈 수 있을 거예요. 이 경우에는 여러분이 기대치를 낮춰서 그에 만족하는 수밖에 없습니다.

부모님은 여러분의 사회운동 활동을 노골적으로 반대하고 여러분을 지지하지 않을 수도 있습니다.

드물게 부모님이 신념을 바꿀 수도 있지만, 현실적으로, 부모님이 곧바로 여러분을 '이해'하는 경우는 없을 거예요. 부모님께서 지금 가지고 있는 신념에 대해 공부하고 받아들이기까지 얼마나 많은 시간이 걸렸을지 생각해 보세요. 그것을 한순간에 —일 년은 고사하고— 바꿀 수는 없지만, 여러분을 사랑하기 때문에 여러분을 이해하고 지지하는 쪽으로 한 걸음, 한 걸음 다가올 수는 있을 거예요. 부모님이 실망감을 보일 수도 있고, 심지어 화를 낼 수도 있습니다. 그런 경우에 어떤 일이 벌어질지에 대해서는 나도 확실하게 말해 줄 수가 없습니다. 여러분과 부모님의 관계에 따라 여러 모습이 가능하거든요. 여러분은 부모님을 사랑하고 부모님은 여러분을 무조건적으로 사랑하기 때문에 양쪽 모두 속이 많이 상할 거예요. 지금까지 내가 직간접적으로 경험한 바에 따르면, 특정 사안에 대한 신념은 다르지만 서로 사랑하고 건강한 관계를 맺고 있는 가족의 경우, 부모님이 어떻게 반응하더라도 그 바탕에는 자식을 사랑하는 마음이 깔려 있습니다. 여러분 입장에서는 그렇게 느끼지 못하겠지만, 사실입니다.

그렇다고 해서 부모님의 의견을 무조건 따르라는 말은 아닙니다. 그렇게 한다고 해서 여러분의 마음이 더 편해지는 것도 아니고요. 오히려 여러분의 신념에 충실한 일을 할 때 보람을 느낄 수 있습니다. 이 책을 여기까지 읽은 사람이라면, 자신이 어떤 사람이고 어떤 신념을 가지고 있는지 이미 잘 알고 있을 거예요. 여러분이 순식간에 다른 사람이 될 수는 없습니다.

대외적으로 사회운동을 할 수 없다면, 여러분만의 방법으로 개인적인 활동을 할 수도 있습니다. 온라인 그룹에 가입할 수도 있고, 직접 온라인 그룹을 만들 수도 있습니다. 휴대전화나 태블릿을 이용해 행동에 나설 수도 있습니다. 혼자서 글을 쓸 수도 있고, 그 글을 인터넷 사이트에 올릴 수도 있습니다. 현실에서든 가상세계에서든 여러분이 자신의 모습 그대로 존재할 수 있고 가장 중요하게 생각하는 문제에 대해 자유롭게 이야기할 수 있는 우호적인 네트워크를 찾아보세요.

다른 어른 멘토 찾기

여러분 중에는 부모나 다른 보호자가 없는 사람도 있을 것입니다. 그런 경우는 드물지 않습니다. 미국의 '전국 청소년 네트워크 National Network for Youth'에 따르면, 집이 없어서 단 하루도 잠을 잘 곳이 없는 청소년이 매년 200만 명 이상이고, 하루에 약 46,000명이라고 합니다. 도시 지역에 사는 흑인, 시골 지역의 북미 원주민, 그리고 성 소수자라면 미국에서 노숙을 경험할 가능성이 꽤 높은 편입니다.

청소년들이 부모나 보호자 역할을 맡은 어른과 좋은 관계를 맺지 못하는 경우도 흔합니다. 미국에는 그런 청소년들이 건강하지 않은 가정환경을 떠나 법적으로 자립권을 얻을 절차가 있습니다. 가족 중에 여러분을 지지해 주는 사람을 찾을 수 없다고 해서 평생 그런 어른을 찾지 못할 것이라고 생각할 필요는 없습니다. 도움받을 수 있는 곳은 많으니까요.

멘토 또는 여러분에게 동조하는 어른을 찾을 수 있는 곳

학교: 선생님, 운동부 코치, 상담 선생님, 멘토

대학교 동아리 또는 학과: 청소년 사회운동가 멘토, 조직을 함께 꾸릴 파트너

다른 청소년 사회운동가 그룹: 또래 또는 어른 멘토, 조직을 함께 꾸릴 파트너

종교 단체: 어른 멘토, 조직을 함께 꾸릴 파트너

페미니스트 비영리 단체 또는 그룹: 페미니스트 멘토, 함께 꾸릴 파트너

여러분의 동조자가 될 가능성이 있는 어른에게 다가갈 때는 다음 사항에 유념하세요.

- 부탁할 때 바라는 바가 무엇인지 정확히 알고 있어야 합니다.
  - 왜 멘토 또는 어른 동조자를 원하나요?
  - 선거 무효 심판 청구나 보조금 신청처럼 어른의 도움이 필요한 일 때문인가요?
  - 어른과의 관계를 통해 얻고자 하는 것은 무엇인가요? 전반적인 지도와 조언인가요, 아니면 교통수단 같은 구체적인 것인가요?
  - 여러분은 멘토에게 무엇을 드릴 수 있나요? 감사 표시를 할 건가요? 멘토를 도와줄 건가요? 멘토가 보람을 느낄 수 있게 해 줄 건가요? 어떻게?
- 그분들의 시간을 소중히 여기세요. 그분들도 여러분처럼 무척 바쁠 테니 의사소통을 잘하고, 약속을 잘 지키고, 그분들과의 관계를 통해 좋은 결과를 만드세요.
- 잘못된 일이 생기면 책임을 져야 합니다. 어른에게 책임을 미루지 마세요. 그분들은 여러분이 주도하는 일을 도와줄 뿐이니까요!

내 경험에 비추어 보면, 멘토 관계는 늘 협력 관계, 즉 쌍방향 관계로 접근할 때 가장 큰 효과를 보았습니다. 어른 멘토는 나를 가르치고 지도하는 선생님이기도 했지만, 동시에 다른 문화와 다른 세대의 사람과 교류할 기회를 준 분이기도 했습니다.

전통적으로 남자들은 문을 활짝 열어 환영하고, 좋은 경력을 쌓도록 지원하고, 충고와 접근 기회를 아낌없이 주는 멘토에게 다가갈 기회가 더 많았습니다. 여자들은 우리끼리 서로 멘토링을 해 주고 돌보아 줄 필요가 있습니다. 상부상조하는 관계를 통해 우리는 앞으로 나아가야 합니다. 그러니 여러분보다 어린 사람이 여러분의 조언과 지지를 부탁하며 다가오면, 도와주세요! 서로 의지하고 지지하며 함께 앞으로 나아가는 멘토링은 본질적으로 페미니즘의 성격을 띠고, 그 자체가 하나의 사회운동입니다.

☆ 한번 더 생각해 봅시다　　☆ ☆ ☆ ☆ ☆

1. 자원봉사자들이 일을 잘하기 위해서는 일에 대한 명확한 설명과 적절한 지원이 있어야 합니다.

무슨 일 때문에 자원봉사자가 필요한가요? 해야 하는 일의 목록을 만드세요. 그리고 예상 소요 시간을 자원봉사자들에게 미리 알려 주세요. 그리고 그들을 성심껏 지원해 주세요. 간식! 티셔츠! 새로운 친구 사귈 기회 제공!

2. 좋은 리더는 체계적이고, 유연하고, 공감 능력이 있어야 합니다.

자원봉사자 운영 규칙을 어떻게 만들 생각인가요? 여러분 혼자서? 위원회 같은 것을 만들어서? 기본 규칙들이 담긴 초안을 만들어서 자원봉사자들에게 의견을 구해 보세요. 운영 규칙에 모든 사람의 존엄과 안전을 보장하는 철학을 담도록 노력하세요. 그렇게 하면, 모두가 환영받고 존중받는 기분을 느끼면서 사회의 변화를 위해 힘껏 노력할 거예요.

3. 여러분의 활동을 부모님이나 보호자, 성인 멘토와 공유하세요. 여러분이 하는 일과 평소에 그분들이 강조해 온 가치가 다르지 않다는 것을 보여 주어 신뢰를 얻으세요.

여러분은 사회운동을 진지하게 생각하고 있습니다. 여러분이 지도와 지지를 받고 싶은 어른들도 틀림없이 사회운동을 진지하게 생각하고 있을 것입니다. 어떻게 하면 여러분의 활동이 다른 사람을 배려하고 존중하라는 그들의 평소 가르침과 다르지 않다는 것을 보여 줄 수 있을까요? 열린 마음으로 상대의 입장과 견해를 존중하면서 솔직한 대화를 나눠 보세요.

☆ ☆ ☆ ☆ ☆ ☆ ☆ ☆ ☆ ☆ ☆ ☆ ☆

7

다른 조직과 연대해요

사회운동은 정의와 평등을 향해 나아가기 위한 노력입니다. 사회운동가로서 우리는 포용·공정·사랑·힘으로 무장하고 불공정과 불평등에 맞서 싸워야 합니다. 여러분은 사회운동을 하는 과정에서 여러분과 다른 사람들을 만나게 될 것입니다. 사회에서 버림받고 무시당하는 사회적 약자들과 소외된 정체성을 가진 사람들을 만날 것입니다. 그들을 존중하고 그들의 말에 귀 기울이고 그들을 지지하는 법을 배우는 것, 그들과 같은 편이 되는 법을 배우는 것, 그것이 바로 사회운동의 핵심입니다. 정의를 위해 여러분의 힘을 사용하고, 잘못된 것을 바로잡고, 사랑을 가로막는 장애물을 무너뜨리는 것이 바로 사회운동입니다.

– 자, 움직여 보자고요! 〉

"사랑 없는 힘은 무모하고 폭력적이며,
힘 없는 사랑은 감상적이고 무력하다는 사실을
깨달아야 합니다.
힘의 최고봉은…… 정의의 요구를 실천하는 사랑이고,
정의의 최고봉은 사랑에 반하는 모든 것을
바로잡는 사랑입니다."

- 마틴 루서 킹 목사, 흑인 시민운동 지도자

사회운동가들은 '사랑'에 대해 자주 이야기합니다. 사랑으로 일어서서, 사랑으로 맞서 싸우고, 사랑의 편에 서서……. 사회운동은 '사랑에 반하는' 것들 즉 차별, 증오, 빈곤, 인종주의 같은 것들을 대체하거나, 고치거나, 없애는 일입니다. 차별과 증오, 빈곤화, 인종주의 등은 모두 어떤 특질을 가지고 있다는 이유만으로 사람을 불공평하게 대해도 괜찮다는 생각에 뿌리를 두고 있습니다.

새로운 사회운동을 시작할 때마다, 나는 항상 앞 페이지에 있는 마틴 루서 킹 목사의 말을 되새깁니다. 1967년에 '우리는 어디로 가야 하는가'라는 제목으로 한 연설 중에 나온 말인데, 그 말의 의미를 한번 곱씹어 보겠습니다.

첫 문장의 앞부분은, 배려와 연민이 없는 힘은 곧 폭압이라는 뜻입니다. 사랑이 없는 힘은 정의나 진보적인 변화를 불러오지 못합니다. 하지만 나에게는 뒷부분에 나오는 '힘 없는 사랑'이라는 말이 더 강렬하게 다가옵니다. 킹 목사는 우리에게 서로를 사랑하는 것 이상을 요구합니다. 우리는 말로만 사랑을 외칠 것이 아니라 사랑을 뒷받침할 힘과 물리력을 키워야 합니다.

우리는 누구나 어떤 면에서는 억압받고 있습니다. 동시에 우리 중 많은 사람은 다른 면에서는 특권을 누리고 있습니다. 그러므로 사회운동 활동을 본격적으로 시작하기 전에 여러분 자신은 누구이고, 세상을 움직이는 특권과 권력 시스템 속에서 어느 지점에 존재하는지 깊이 성찰해 볼 필요가 있습니다.

이 장에서는 문화적 정체성, 연대 의식, 상호교차성 같은 핵심 용어와 개념을 설명하고, 그것들이 페미니스트 사회운동에서 얼마나 중요한지를 살펴볼 것입니다. 이를 통해 여러분은 강력한 사회운동가가 되는 데 필요한 많은 아이디어와 조언, 지침을 배우게 될 것입니다.

주요 사회운동 용어를 익혀요

우리는 1장에서 권력 역학 어떻게 구조적인 권력이 불평등한 시스템을 만들어 내는지에 대해 이야기했습니다. 아이와 양복 입은 남자를 비교해, 누가 권력을 가지는지에 대해 사회적으로 정립되고 강요된 관념이

지배하는 세상에 사는 우리의 모습을 살펴보았습니다. 우리는 또한 개인들이 풀뿌리 조직을 통해 집단적인 힘을 길러 어떻게 부조리한 사회에 저항하는지를 배웠습니다.

여기에서는 일상생활에서 사회 문제와 여러분의 사회운동에 대해 논할 때 필요한 용어를 설명하겠습니다.

특권 어떤 사람이 정체성이나 특정 집단에 속한 것 때문에 누리게 되는 구조적인 혜택이나 권리

억압 어떤 사람이 정체성이나 특정 집단에 속한 것 때문에 받게 되는 구조적인 불리함

• **시사점** 사회운동가로서 여러분이 어떤 영역에서 특권을 누리고 있으며, 어떤 영역에서 억압당하고 있는지 점검해 보세요. 305쪽에 있는 체크리스트를 이용하면 도움이 될 거예요.

평등 모든 사람이 차별 없이 동등하게 대우받는 상태, 또는 그래야 한다는 개념

공평 모든 사람이 공정하게 취급받는 상태, 또는 그래야 한다

는 개념

- **시사점** 사람들은 흔히 이 두 용어를 혼동해서 사용하지만, 뜻이 똑같지는 않습니다. 미국의 '사회 정의 교육 연구소Social Justice Training Institute'의 공동 창립자인 버넌 월은 두 용어의 차이를 이렇게 설명합니다. "평등은 모든 사람에게 신발 한 켤레씩을 주는 것이다. 공평은 모든 사람에게 '발에 맞는' 신발 한 켤레씩 주는 것이다." 어느 집단에 뭔가를 '더' 주는 것이 '공평'의 개념에 부합하는 경우도 있다는 말입니다. 단, 이런 차이는 뿌리 깊은 편견이나 부당한 불이익을 극복하기 위한 수단일 경우에만 정당성이 있습니다.

다양성 다름을 인정하고 긍정적으로 여기는 것

포용 모든 사람이 똑같지 않다는 것을 깨닫고 받아들이는 것

- **시사점** 사회운동을 하는 조직은 다양한 배경·관점·능력을 가진 사람들로 구성되는 것이 바람직합니다. 사회운동가는 아무리 사소한 문제도 다양한 사람들을 포용할 수 있도록 깊이 생각하고 결정해야 합니다.

계획 위원회 모임을 할 장소가 필요하다고 가정해 봅시다. 여러분의 가장 친한 친구가 자기 집 거실을 제공할 수 있다고 말합니다. 하지만 그 집은 대중교통으로 갈 수 없는 곳이라 차가 없는 사람은 가기가 어렵습니다. 또 엘리베이터가 없는 건물의 2층이라 휠체어를 타는 사람은 사실상 참석할 수 없습니다. 게다가 의자가 많지 않아 다양한 체형의 사람들이 편안하게 앉기도 어렵습니다. 이때 여러분은 이 장소를 선택하면 얼마나 많은 사람이 배제되는지를 생각해야 합니다. 그리고 다른 장소를 선택해야 합니다. 많은 사람이 쉽게 오고 편안함을 느낄 수 있는 학교 강당이나 도서관 같은 곳으로요. 이것이 바로 포용입니다!

상호교차성　　한 개인이 경험하는 차별과 억압은 그가 가진 여러 특성인종·성별·계급·장애·민족 중 하나에 기인하는 것이 아니라, 여러 특성이 중첩되고, 교차되고, 상호작용하면서 이루어진다는 이론입니다.

• **시사점** 이는 매우 복잡한 주제이기 때문에, 이 용어가 어떻게 해서 출현하게 되었는지부터 살펴보겠습니다. 상호교차성 페미니즘 이론은 흑인 법학자인 킴벌리 크렌쇼가 1989년에 처음 제안했습니다. 크렌쇼는 〈인종과 성별 교차의 주류성 회복〉이라는 논문에서 상호교차성이라는 개념을 사용해 같은 여성이라도 인종에 따라 성차별과 성폭력에 노출되는 정도가 다르다는 사실을 설명했습니다. 그래서 여성의 성차별과 성폭력 문제

는 인종과 성별의 상호교차성을 고려해야만 그들이 겪는 다양한 억압의 실상을 제대로 파악할 수 있다고 주장합니다.

달리 말하면, 불평등과 불공평은 인종 차별, 성차별, 계급 차별, 장애인 차별, 동성애자 차별, 성전환자 차별 등 다양한 종류의 차별과 증오가 서로 교차하면서 생겨난다는 것입니다. 여러 종류의 차별은 억압 시스템 속에 서로 뒤섞여 있으며 분리될 수 없습니다. 따라서 한 집단의 경험을 다양한 면에서 살펴보지 않는 사회운동은 해당 집단을 정확하게 대변할 수 없습니다.

여러분이 좋은 사회운동가이자 페미니스트가 되려면 우선은 여러분 자신의 구조적인 특권을 인식해야 합니다. 여러분이 지닌 어떤 특권적인 특성 때문에 여러분도 인식하지 못하는 사이에 다른 사람들을 억압하거나 배제할 가능성이 있기 때문입니다.

> 언어는 중립적이지 않다.
> 언어는 단순히 생각을 전하는 수단이 아니다.
> 언어 자체가 생각을 만들어 낸다.
> — 데일 스팬더, 호주 페미니즘 학자

정치적 올바름을 넘어서

언어는 권력입니다. 우리가 어떤 사람들에게 말하는 방식과 어떤 사람들을 언급하는 방식은 그들에게 권력을 부여할 수도, 그들에게서 권력을 빼앗을 수도 있습니다. 우리가 그들을 존중하고 이해하고 있는지가 우리의 말을 통해 드러납니다. 따라서 사람들이 자신의 정체성을 표현할 때 어떤 말을 쓰는지를 우리는 잘 알고 있어야 합니다.

우리는 전혀 평등하지 않습니다. 현실이 그렇습니다. 여러분은 이런 현실을 폭로하고 바꿀 수 있는 공간과 실천을 만들어 내기 위해 노력해야 합니다. 포용성이라는 것은 단순히 예의 바르거나 '정치적 올바름말의 표현이나 용어의 사용에서, 인종·민족·언어·종교·성차별 등의 편견이 포함되지 않도록 해야 한다는 신념'을 지켜야 한다는 것을 의미하지 않습니다. 다른 사람이 가진 여러 특성을 존중한다는 뜻입니다. 또한 소외된 정체성을 가진 사람들이 억압받는 현실을 인지하고, 우리의 힘을 이용하여 그들을 위한 공간을 더 만드는 것을 의미하기도 합니다.

297~303쪽에 정리해 놓은 다양한 정체성에 대해 잘 알고 있으면 사회운동의 세계에서 길을 찾는 데 큰 도움이 될 것입니다.

소외된 정체성과 관련된 용어를 알아볼까요?

모든 용어를 망라한 것은 아니지만, 좋은 출발점이 될 수 있을 것입니다. 한 사람이 여러 종류의 정체성을 경험할 수도 있고, 한 정체성에 더 세분화된 범주가 있을 수 있다는 점을 유념하세요. 혹시 익숙하지 않은 정체성을 접하게 되면 인터넷으로 검색해 보세요.

인종적·민족적·문화적 정체성

흑인 아프리카에서 오거나 그 조상이 아프리카인 사람들입니다. 노예제도 때문에 미국에 오게 된 흑인들은 자기 조상이 정확히 어느 나라에서 왔는지 알지 못하는 경우가 많습니다이탈리아계·독일계· 영국계처럼 특정 민족이나 국가를 바탕으로 정체성을 갖는 백인들의 경우와는 사정 이 무척 다르지요. 그래서 아프리카 대륙 전체와의 동질감을 나타내기 위해 '아프리카계 미국인'이라는 용어를 쓰기도 합니다.

히스패닉 조상이 스페인어를 사용하는 라틴 아메리카 또는 이베 리아반도스페인과 포르투갈을 포함하는 지역에서 온 사람들입니다. 영어 의 경우, 히스패닉을 가리키는 다른 말로 라티노와 라티나, 라티넥 스가 있습니다.

라티나/라티노 조상이 라틴 아메리카에 살았던 사람들로, 라티 나Latina는 여성, 라티노Latino는 남성을 지칭합니다.

라티넥스 조상이 라틴 아메리카에 살았던 사람들로, 남성과 여 성에 모두 사용되는 성별 중립적인 용어입니다. 성 소수자 또는 성 전환자 커뮤니티에서 처음 사용한 신조어였지만, 최근에는 일반적으로 널리 쓰이는 추세입니다.

북미 원주민/아메리칸 인디언/퍼스트 네이션 아메리카 대륙의 원주민들입니다. 다양한 부족·나라·민족 집단으로 구성된 복합적인 정체성입니다.

아시아인 세계에서 면적이 가장 넓고 인구가 가장 많은 대륙인 아시아에 조상을 둔 사람들입니다. 예를 들면, 한국인, 일본인, 태국인, 스리랑카인 등이 여기에 해당합니다.

태평양 섬 출신 조상이 하와이, 괌, 사모아 등 태평양 섬에 살았던 사람들입니다.

유색인 인종이나 민족 때문에 비주류로 취급되는 모든 사람을 가리키는 포괄적 용어입니다. 문화적 정체성이나 개인적 정체성보다 피부색을 중시한 표현이라는 이유로 비판을 받기도 합니다.

민족과 문화에 관련된 머리글자 줄임말

AMEMSA 아랍인Arab, 중동인Middle Eastern, 무슬림Muslim, 서아

시아인South Asian의 머리글자 줄임말입니다. 인종적·문화적으로 다양한 집단이지만, 비슷한 차별과 억압의 경험을 공유하는 여러 민족, 문화, 종교 공동체를 한데 모으고 조직화하기 위해 사용되는 용어입니다. 별도의 정체성을 갖는 이란인이 포함되지 않아 비판을 받기도 합니다.

API 아시아 태평양 섬 출신Asian Pacific Islander을 가리키는 말입니다. APA아시아 태평양 미국인, Asian Pacific American를 사용하기도 합니다. 동아시아와 동남아시아, 인도 아대륙, 태평양 섬들의 다양한 문화적·민족적 집단을 가리킵니다. 여러 섬 출신들이 민족 차별이라는 같은 경험을 바탕으로 한데 모이는 경우가 많습니다.

성적 지향에 따른 정체성

무성애자 타인에게 성적인 욕구나 연애 감정을 느끼지 않는 사람입니다. 세부적으로 따지면 서로 조금씩 차이가 있는 다양한 유형이 있습니다.

양성애자 두 가지 종류 이상의 성별에 성적으로 끌리는 사람입니다. 때로는 '여성과 남성 모두에게' 성적인 감정을 느끼는 사람으

로 좁게 정의되기도 하지만, 대다수의 양성
애자는 남녀를 넘어서 더 다양한 성별의
사람을 사랑합니다.

게이(남성 동성애자) 게이는 성 소수자
를 모두 지칭하는 포괄적인 용어로 사용되
기도 하지만, 주로 남성에게 성적으로 끌리는
남성을 의미합니다.

레즈비언(여성 동성애자) 여성에게 성적으로 끌리는 여성을 의미
합니다.

범성애자 모든 성별의 사람에게 성적인 감정을 느끼는 사람입
니다.

퀴어 이성애자를 제외한 모든 성적 소수자를 이르는 말입니다.
원래는 '이상한', '비정상적'이라는 의미로 쓰였으나 지금은 성적 소
수자의 정체성과 자부심을 드러내는 용어로 사용됩니다.

성 정체성

무성(에이젠더) 자기가 어느 성별에도 속하지 않는다고 여기거나, 자기 성별에 대한 개념이 아예 없는 사람을 일컫는 말입니다. 무성이 젠더 비이분법적 정체성에 포함되는 것으로 분류되기도 하고, 트랜스젠더를 무성이라고 부르는 경우도 있습니다.

바이젠더 자신을 스스로 두 가지 젠더를 가진 것으로 생각하는 사람입니다. 두 가지 젠더가 반드시 남성과 여성일 필요는 없습니다. 젠더 이분법으로 분류되지 않는 어떤 정체성이든 두 가지 젠더를 가지면 바이젠더가 됩니다.

시스젠더 생물학적 성과 성 정체성이 일치하는 사람입니다. 시스젠더는 소외된 정체성이 아니라 특권이지만, 그래도 알아 두어야 할 중요한 용어입니다.

젠더 비이분법적 정체성 여성과 남성의 이분법적인 성별 중 어느 쪽에도 속하지 않는 사람입니다. 트랜스젠더가 포함되기도 하고 포함되지 않기도 합니다. 아주 다양하고 더 구체적인 여러 비이분법적 성 정체성을 포괄하는 용어입니다.

트랜스젠더(성전환자) 생물학적 성과 성 정체성이 일치하지 않는 사람입니다. 시스젠더가 아닌 성 정체성을 모두 지칭하는 포괄적인 용어로 쓰이기도 합니다.

장애인 정체성

신경 다양성 자폐, 난독증, 주의력 결핍 장애와 과잉 행동 장애, 투렛 증후군 등 신경학적으로 비전형적인 정체성을 가진 사람에게 사용하는 용어입니다. 예전에 '비정상'이라고 부르던 사람을 '비전형적'이라는 말로 표현하고 신경 다양성을 가진 사람들을 정상 범주에 포함하자는 운동과 관련이 있습니다.

정체성 우선 장애와 관련된 두 가지 표현이 있습니다. '장애인 disabled person'과 '장애가 있는 사람a perosn with disabilities'. 장애인이라는 말은 정체성 우선인 표현이고, 장애가 있는 사람이라는 말은 '사람'에 방점이 찍힌 사람 우선 표현입니다. 장애를 떳떳하게 여기고, 긍정적이고 자발적인 자세로 장애를 자신의 정체성을 규정하는 핵심 요소로 받아들이자는 입장을 '정체성 우선 이론' 또는 '정체성 우선 언어'라고 합니다.

사람 우선 장애는 개인의 인격을 규정하지 못하기 때문에 사람에 방점을 두어 장애인이라는 표현 대신에 장애가 있는 사람이라는 표현을 써야 한다는 입장이 '사람 우선 이론' 또는 '사람 우선 언어'입니다. 장애가 있는 사람이 자발적으로 정체성 우선 언어를 선호하는 경우가 아니라면 사회운동가 대부분은 사람 우선 언어를 선호합니다.

미리미리 확인하기

세상에는 특권이라는 것이 존재한다는 사실을 앞에서 지적했습니다. 그렇다면 특권에 대해 여러분은 어떤 입장을 취해야 할까요? 먼저 여러분 자신도 특권을 누리고 있을 수 있다는 점을 알아야 합니다. 여러분 스스로는 완전히 '평범한' 것으로 생각하는 여러분의 특성과 생활방식피부색, 체형, 사회 계층 등이 사실은 여러분에게 특권을 부여할 수 있거나 이미 부여하고 있다는 사실을 여러분이 깨닫지 못할 수도 있습니다.

먼저 여러분이 어떤 특권을 누리고 있는지 파악하는 것이 중요합니다. 그래야 타인을 배려하는 섬세한 감수성을 갖추고 사회운동을 잘해 나갈 수 있습니다.

여러분이 사회운동을 하다 보면,
소외된 사람들의 목소리가 들리게 하려면
현재의 사회 시스템 안에서
여러분이 누리는 권력과 특혜 중 일부를
포기할 필요가 있다는 점을 깨닫게 될 것입니다.

다음 페이지에 나와 있는 '특권 체크리스트'를 이용해 보세요. 최초의 특권 체크리스트는 1989년에 출간된 《평화와 자유Peace and Freedom》라는 잡지에 실린 여성학 교수 페기 매킨토시의 논문 〈백인 특권: 눈에 보이지 않는 배낭을 풀어 헤치기White Privilege: Unpacking the Invisible Knapsack〉에 등장했습니다.

매킨토시 교수는 남성이 성별에 의해 이득을 본다는 사실을 인지하지 못한 채 남성 특권을 누리는 현실을 지적한 후, 자신은 여자이지만 한편으로는 백인이라는 이유로 노력하지 않고 얻은 특권을 누리고 있다고 결론을 내립니다.

그 뒤로 수많은 사회운동가가 비장애인 특권, 이성애자의 특권, 날씬한 사람의 특권 등 다양한 주제로 특권 체크리스트를 만들었습니다. 체크리스트는 인터넷에서 쉽게 찾아볼 수 있습니다. 이 체크리스트를 통해 우리는 다른 사람들이 어떤 식으로 억압받는지 그리고 우리가 어떤 혜택을 누리고 있는지 알 수 있습니다.

특권 체크리스트

특권 체크리스트는 여러분이 사람들 사이에서 어떤 위치에 있는지 알 수 있게 해 주고, 여러분이 평범한 삶이라고 여기는 것이 모든 사람에게 평범한 것은 아니라는 사실을 보여 줍니다. 다음의 상황들을 읽고, 여러분에게 해당하는 항목에 체크를 하세요. 과연 여러분은 어떤 부분에서 특권을 누리고 있을까요?

내가 믿는 종교의 기념일을 기념하기 위해 무조건 학교에 결석해야 하는 것은 아니다.	☐
다른 사람들의 시선을 받지 않고 공중화장실을 이용할 수 있다.	☐
대학에 진학할 것이고, 부모님이 등록금의 일부 또는 전부를 내줄 것이다.	☐
경찰이 나를 보호하기 위해 존재한다고 생각한다.	☐
넷플릭스를 틀면 나의 정체성과 문화적 배경을 공유하는 주인공이 등장하는 영화를 여러 개 찾을 수 있다.	☐
내가 이용할 수 있는 출입문이 있는지를 확인하지 않고 아무 가게나 식당, 극장에 갈 수 있다.	☐
부모님에게 용돈을 받는다.	☐
대부분의 가게에서 몸에 맞는 옷을 쉽게 찾을 수 있다.	☐
지금까지 정기적으로 건강 검진을 받았고, 아프면 언제든 병원에 갈 수 있다.	☐
놀림을 받거나 위협당하지 않고 내 종교를 상징하는 옷이나 액세서리를 착용할 수 있다.	☐
여름 방학 때 아르바이트를 하지 않고 여행을 가거나 자고 오는 수련회에 참석한다.	☐
다른 사람들의 눈길을 끌거나 놀림을 받거나 위협을 당하지 않고 학교 행사에 데려가고 싶은 사람을 데려갈 수 있다.	☐

특권을 누리는 것이 부끄러운 일은 아닙니다. 하지만 의도하지 않게 다른 사람에게 상처를 줄 수 있기 때문에 항상 의식하고 있어야 하고, 행동하기 전에 한 번 더 생각해 보아야 합니다.

때로는 하나의 정체성 때문에 특권과 억압을 동시에 경험할 수도 있습니다. 나는 스스로 뚱뚱하다고 생각합니다. 하지만 내 몸을 긍정적으로 생각합니다. 나는 몸 때문에 억압받는 것이 분명하지만, 특권을 누리고 있기도 합니다. 여전히 비행기 의자에 앉을 수 있고, 평범한 가게에서 쉽게 옷을 살 수 있습니다. 내가 체형 때문에 사랑받을 자격이 없다고 생각하는 사람도 없습니다. 하지만 어떤 사람들은 앞에서 말한 부당한 일을 모두 겪고 있을 수도 있습니다.

자신의 특권과 억압에 대해 생각할 때 심리적으로 불편함을 느끼는 것은 정상적인 반응입니다. 그런 불편함이 결국 변화와 성장의 씨앗이 됩니다. 그런 불편함을 부정하는 것이 오히려 또 하나의 특권적인 태도입니다. 그 불편함을 받아들여야 세상에 대해 배우고 다른 이들과 소통하는 길로 나아갈 수 있습니다. 자신의 특권을 인지하는, 어렵고 지극히 개인적이고 자아 성찰적인 과정을 통해서 여러분의 사회운동은 한층 더 성숙해질 것입니다.

좋은 동조자가 되는 방법

이 책의 모든 내용은 하나의 문제로 귀결됩니다. 바로 소외된 사람들에게 좋은 동조자가 되는 법입니다. 우리는 무엇이 한 인간을 소외되게 만드는지 살펴보았습니다. 그리고 사람마다 소외되는 방식이 어떻게 다른지도 살펴보았습니다.

선의만으로는 충분하지 않습니다. 물론 동조자가 되지 않고도 어떤 사회적 대의를 지지할 수는 있습니다.

소외된 커뮤니티의 동조자가 되는 것이 정말로 도움이 되려면, 동조자에게 사랑과 더불어 정의를 실현할 힘이 있어야 합니다. 동조자는 사회운동에 결정적으로 중요합니다. 자신에게 직접적인 영향이 없는 문제에 관해 직접적인 영향을 받는 사람들을 돕기 위해 자신의 특권과 권력을 사용하는 사람이 바로 동조자이기 때문입니다.

동조자들은 직접적인 영향을 받는 소외된 사람들의 목소리에 자신의 목소리를 더함으로써 여론과 형세를 바꿀 수 있습니다. 동조자들은 자신에게 직접적인 영향이 없는 문제와 관련해서 다른 사람들에게 다가갈 수 있습니다. 그리고 오랫동안 해당 사회운동을 해 온 사람들의 뒤에 서서 그들의 메시지를 더 널리 퍼뜨릴 수 있습니다.

1. 발언권을 양보하라. 여러분에게 직접적인 영향을 끼치지 않는 문제에 대해 발언할 기회가 생기더라도, 가급적이면 직접적인 영향을 받는 사람이나 집단에 발언 기회를 양보해야 합니다. 그리고 직접적인 영향을 받는 사람이나 집단으로부터 절대로 마이크를 빼앗으면 안 됩니다.

2. 주변인 개입 수칙을 연습하라. 누군가가 괴롭힘을 당하거나 추행당하는 모습을 보면 반드시 목소리를 내야 합니다. 하지만 그 사람 대신 싸워야 한다는 생각은 하지 마세요. 오히려 관심을 끄는

것이 피해자를 불편하게 만들 수도 있고, 여러분이 개입함으로써 상황이 더 악화되거나 위험해질 수 있거든요. '주변인 개입'이 더 좋은 방법일 수 있습니다. 즉 가해자는 무시하고 피해자에게 바로 괜찮은지 물으며 말을 거는 것입니다. 피해자에게 함께 걷거나 앉아 있어 줄 수 있다고 제안해 보세요. 누군가가 공공장소에서 모르는 사람에게 추행을 당하고 있다면, 아는 사람인 체하며 말을 걸어 보세요. 이런 방법은 친구가또는 모르는 사람이 모임이나 파티에서 성추행당하는 경우 그 자리에서 빠르게 빠져나갈 수 있도록 도와줄 때도 효과를 발휘합니다.

3. 목소리를 내되, 지나치면 안 된다. 동조자이기는 하지만 특권을 가진 사람은 다른 사람이 원하는 바가 무엇인지 알고 있다고 자만해서는 안 됩니다. 부당한 현실을 사람들에게 알려야 하지만, 목소리를 높여 말하기 전에 먼저 직접 피해를 당하는 사람들을 만나서 그들의 경험을 들어 보세요.

4. 경청하라. 소외된 사람이 자신에게 영향을 미치는 부당한 현실에 대해 말하면, 그 사람을 믿고 그 사람의 말에 귀를 기울여야 합니다. 동조자인 여러분의 의견이 직접적으로 억압당하는 사람의 실제 경험보다 현실을 더 잘 설명할 수는 없습니다. 설사 여러분의

의견이 소외된 사람의 의견과 다르다 할지라도, 논쟁으로 끌고 가지는 마세요. 같은 정체성을 가진 커뮤니티 안에 대립하는 여러 의견이 존재하는 것은 괜찮지만, 누가 옳고 누가 그른지를 결정하고 설명하는 것은 결코 여러분의 몫이 아닙니다.

5. 스스로 공부하라. 어쩌면 여러분은 다른 정체성을 가진 사람의 경험에 대해 배우는 것에 관심이 있을지도 모르겠네요. 그렇다 하더라도 그 사람에게 직접 가르쳐 달라고 하지 마세요. 그 사람에게 시간과 노력이 너무 많이 들기 때문입니다. 스스로 답을 찾아보세요! 인터넷을 열심히 검색하면 많은 것을 알 수 있을 거예요. 스스로 공부하면 상대방에게 지나치게 개인적인 질문을 해서 불편하게 만들 일도 피할 수 있습니다.

내가 목소리를 높이는 이유는
소리를 지를 수 있기 때문이 아니라,
목소리를 잃은 사람들의 말이
들릴 수 있도록 하기 위해서입니다.
– 말랄라 유사프자이, 파키스탄 사회운동가이자 노벨상 수상자

먼지 차별

아주 심하게 공격적이지는 않지만 조금 불쾌한 말과 행동을 하는 사람을 본 적이 있나요? 예를 들면, 여러분이 당연히 무거운 짐을 못 들 것이라고 생각하는 남자아이 같은 경우 말이에요. 혹시 누군가 여러분의 머리카락이나 몸에 대해 하는 말을 인종차별적이라고 느낀 적이 있나요? 아니면 누군가가 다른 사람을 향해 인종차별적인 말을 하는 것을 옆에서 들은 경우가 있나요? 이런 상황이 벌어지면 아마도 여러분은 눈을 흘기면서 '으윽!' 소리를 내뱉게 될 거예요.

이런 사례들을 가리켜 '먼지 차별'이라고 합니다. 먼지 차별은 우리 눈에 잘 띄지 않지만 사방에 깔려 있고 늘 치우지 않으면 점점 쌓이는 '먼지'와 같은 차별을 말합니다. 사람들이 일상생활 속에서 고의 또는 실수로 소외된 정체성을 가진 사람들을 향해 내뱉는 적대적이고 무례한 언행 하나하나는 작을 수 있지만, 그런 것들이 쌓여서 거대한 억압을 만들어 냅니다. 먼지 차별이라는 용어는 흑인 학자이자 하버드 대학 의대 교수인 체스터 피어스가 1970년에 처음으로 사용했습니다. 그는 자신이 직접 경험하고 관찰한, 흑인을 향한 일상적인 모욕과 차별에 이름을 붙이고 싶어 이 용어를 창안했습니다. 그 후 흑인뿐만 아니라 모든 소외된 정체성을 가진 사람들이 지속적으로 겪는 사소하지만 가슴 아픈 차별을 통칭하는 말로 쓰임새가 확장되었습니다.

상대방을 불쾌하게 할 의도가 없이, 그리고 자신이 어떤 일을 했는지 깨닫지도 못한 상태에서 먼지 차별을 저지르는 경우가 많습니다. 그렇다고 그냥 넘어갈 수는 없습니다. 먼지 차별을 멈추는 유일한 방법은 그런 일이 있을 때마다 지적해 주는 것입니다.

부당함에 대항하는 것도 중요하지만, 항상 자신의 안전을 지켜야 합니다. 지적을 받으면 무조건 부정적으로 반응하는 사람들이 있습니다. 이런 예민한 태도를 사회심리적 용어로 '취약성'이라고 합니다. 취약성은 너무 많은 특권을 누리다 보니 작은 비판도 크게 받아들이는 것으로 볼 수 있습니다.

먼지 차별하는 사람에게 대처하는 방법

먼지 차별에 대처하는 몇 가지 전술을 제시합니다. 이 방법들은 친구, 가족, 동료 등, 이미 잘 알고 있는 사이인 사람과 대화를 할 때 특히 효과적입니다.

1. 스스로 의미를 설명해 보라고 하기

"무슨 말인지 모르겠어. 그게 무슨 뜻이야?"

: 성전환자 혐오, 인종 차별, 성차별을 담은 농담을 한 사람이 그 말이 왜 웃긴 말인지 설명하느라 허둥대는 모습을 지켜보세요. 설명을 포기하거나 차별적인 발언임을 인정할 때까지 계속 이야기하세요.

2. 상대방의 자의식에 호소하기

"(성차별적 용어)가 모욕적이고 불쾌함을 자아낼 수 있다는 사실을 너도 잘 알고 있을 거야. 너는 그런 말을 할 사람이 아닌 것 같은데, 내가 잘못 들었나?"

: 상대방이 잘 알고 있지만 단순한 말실수를 한 것으로 이해한 척해서 상대방이 방어적인 태도를 취하기 어렵게 만드는 것이 핵심입니다.

3. 상대방의 선한 성품에 기대기

"너는 정말 배려심이 많고 다른 사람에게 상처를 주고 싶어 하지 않는다는 걸 난 알아. 하지만 (장애인 차별 발언)라는 말은 정말 심했어."

: 상대방의 말을 바로잡아 주면서도 그를 존중한다는 점을 강조

하세요.

4. 상대방이 인정하는 도덕적 가치를 상기시키기

"우리 할머니, 할아버지는 모든 사람을 친절하게 대하셨어. 심지어 낯선 사람한테도. 너도 기억하지?" 또는 "아무 조건 없이 서로를 사랑하라는 성경 말씀 기억하지?"

: 상대방이 여러분과 같은 도덕적 가치를 공유하고 있다면, 그 가치를 상기시키세요.

5. 사람이 아니라 행동을 지적하기

"그건 인종차별적인 말이야."

: 상대방이 지적을 진심으로 받아들이기를 원한다면 그 사람이 아니라 그 사람의 언행을 비판하세요. "너는 인종차별주의자야."라고 말하면 상대방은 방어적으로 나오게 됩니다.

사람은 누구나 실수합니다. 중요한 것은 실수를 통해 배우고, 더 좋은 방향으로 변하는 것입니다. 지적을 당했을 때 취할 수 있는 정중하고 열린 자세에 대해 알아보겠습니다.

1. 방어적인 태도를 취하지 마라

불편함을 기꺼이 받아들이세요. 자신의 잘못을 인정하지 않는 방어적인 태도는 상황을 악화시킬 뿐입니다.

2. 진심으로 귀를 기울여라

열린 마음으로 상대방이 하는 말에 귀 기울이세요. 변명하려고 들지 말고, 여러분의 말에 상처를 입은 사람을 이기려고 하지 마세요.

3. 사과하라

얼버무리지 마세요. "마음이 상했다면 미안해." 같은 어정쩡한 말은 피하세요. 다른 사람에게 상처를 입혔으니 책임을 져야 합니다.

4. 감정의 문제 이상임을 인지하라

누군가를 '감정적인 사람'이라고 비난함으로써 중압감을 벗어나려고 하지 마세요. 여러분에게는 아무렇지 않게 느껴지는 발언이나 행동이 다른 사람에게는 큰 상처가 될 수 있습니다.

5. 자신의 감정을 끌어들이지 마라

왜 그런 실수를 했는지 점검하는 시간을 가지세요. 여러분이 느끼는 죄책감에만 몰두해서 상처받은 사람이 아니라 자신을 중심에 놓고 생각하면 안 됩니다.

6. 말투를 지적하지 마라

혹시 어른과 대화할 때, '침착'해지거나 '어른처럼 굴기' 전까지는 대화하지 않겠다는 말을 들어 본 적이 있나요? 그래요, 이럴 때는 정말로 짜증이 나지요. 상대방이 침착하게, 합리적으로, 예의 바르게 말하고 행동할 때까지 대화를 거부하는 것은 내용보다 말투를 문제 삼는 좋지 않은 태도입니다. 상대방이 사회 정의와 관련된 문제를 제기할 때 여러분에게 예의를 갖출 의무는 없습니다. 그리고 예의 바른 대화가 이견을 해소하는 유일한 방법도 아닙니다.

7. 변명하지 마라

"하지만 나는 동성애자 친구가 있어!" 음, 좋은 일이에요. 하지만 소외된 정체성을 가진 친구가 있다고 해서 다른 사람에게 상처를 입힐 자격이 생기는 것은 아닙니다.

8. 발전하도록 노력하라

앞으로는 그런 말이나 행동을 하지 않겠다고 다짐하고, 그 약속
을 꼭 지키세요.

☆ 한번 더 생각해 봅시다   ☆ ☆ ☆ ☆ ☆

1. 모든 사람은 정체성과 외양에 따라 각기 다른 형태의 특권과 억압을 경험합니다.

특권을 가진 것이 부끄러워할 일은 아닙니다. 다만 그 특권을 인지하고 있어야 합니다. 말이나 행동을 하기 전에 자신의 특권과 타인이 받을 억압에 대해 생각하려고 노력해야 합니다. 다른 사람이나 집단에 긍정적인 영향을 미치려면, 여러분은 지금까지와는 다르게 어떻게 행동해야 할까요? 먼지 차별을 당하고 있다면 타인에게 어떻게 자신의 감정을 알리고 이해시킬 수 있을까요? 비슷한 감정을 느끼는 사람들과 대화하면서 모두에게 긍정적일 수 있는 전략들을 세워 보세요.

2. 언어는 우리의 생각에 영향을 미치기 때문에 중요합니다.

누구의 동조자가 된다는 것은 그 사람의 언어를 존중한다는 뜻이기도 합니다. 다른 사람과 이야기할 때 그 사람이 선호하는 표현들을 사용하세요. 자신과 다른 사람들과 교류할 때 더 세심하게 배려할 수 있도록 친구나 가족들에게 권장할 방법을 궁리해 보세요.

3. 여러분은 실수할 수 있습니다. 하지만 괜찮습니다.

실수를 저지르면 마음이 불편합니다. 하지만 실수는 뭔가를 배울 수 있는 기회이기도 합니다. 실수를 인정하고, 상처 입힌 것을 진심으로 사과하고, 더 나아지기 위해 다짐하세요. 혼자 있을 때 그 실수에 대해 생각해 보되, 지나치게 자책하지는 마세요. 다른 사람을 대할 때와 마찬가지로 자신을 대할 때에도 친절하고 이해심 있는 태도가 필요합니다.

☆ ☆ ☆ ☆ ☆ ☆ ☆ ☆ ☆ ☆ ☆ ☆ ☆ ☆

8

숨을 돌리며

사회운동 에너지를 충전해요

우리는 우리 자신과 서로를 잘 돌보아야만 소녀 저항 운동을 펼칠 수 있습니다. 세상을 돌보는 것에는 자기 자신을 돌보는 것도 포함됩니다. '자기 돌봄_{셀프 케어}'이란 자신의 몸과 마음에 필요한 것을 제공하는 것입니다. 그것이 휴식이든, 취미생활이든, 음식이든, 넷플릭스 관람이든, 무엇이든 말이에요. 자기 돌봄은 하나의 생존 전략입니다. 건강해야 계속 싸울 수 있고 결국 사회운동의 목표도 달성할 테니까요. 삶이 버거워질 때면, 자신에게 필요한 휴식을 주고 균형 잡힌 생활을 해 보세요.

- 재충전을 해 보자고요! ❯

"자신을 돌보는 것은 방종이 아니다.
자기 보호이고, 정치 투쟁의 일부이다."

- 오드리 로드, 미국인 페미니즘 운동가이자 작가,
《빛의 분출》에서

사회운동을 하다 보면 극심한 스트레스를 받고 무수히 많은 걱정거리가 생길 수 있습니다. 사회를 변화시키는 일을 하면서 우리는 희열과 자부심 그리고 세상의 부당함을 모두 없앨 수 있을 것 같은 희망을 느낍니다. 그러나 사회운동에 필요한 감정적·육체적 노동은 여러분의 힘을 소진하게 할 수 있습니다. 회의, 전화 통화, 소셜미디어, 공부, 강연, 연설 등 할 일이 정말 많기 때문이지요. 게다가 우리는 나쁜 일들이 매일, 아니 매초 일어나서 우리를 공격하는 세상에 살고 있습니다.

우리는 사회운동뿐만 아니라 일상적인 생활도 해야 합니다. 학교, 가족, 친구, 직장. 거기에 더해 우리를 억누르는 온갖 억압성차별, 인종 차별, 계급 차별, 장애인 차별, 동성애 혐오, 성전환자 혐오이 있습니다. 이 모든 것은 우리 머릿속에만 있는 것이 아니라 실제로 존재합니다. 여러 연구에 따르면, 소외된 정체성을 가진 사람은 거의 예외 없이 누구나 기록적인 수치를 보일 정도로 심한 스트레스를 받고 있다고 합니다. 그리고 '감당할 수 없을 정도의 압박감'을 느끼는 청소년이 20년 전과 비교해 두 배 넘게 증가했다고 합니다. 이런 상황에서, 다른 사람들을 돕는 일을 하는 우리는 우리 자신을 어떻게 도와야 할까요?

이 장에서는 여러분의 신체적·정신적 건강을 유지하는 중요한 일에 대해 다룹니다. 이 장을 다 읽고 나면, 더 행복하고, 더 균형 잡힌 자신의 모습을 볼 수 있을 거예요!

자기를 잘 돌봐야 다른 사람도 잘 돌볼 수 있어요

사회운동은 힘든 일입니다. 여러분이 힘이 빠지고, 짜증 나고, 지친 상태가 된다면 운동에 도움이 되지 않습니다. 여러분의 활동도 중요하지만, 여러분 자신도 중요합니다. 자신을 전반적몸, 정신, 마음으로 돌보는 것은 매우 중요한 일입니다. 자기 돌봄을 위한 계획을 세우세요. 계획을 세우면, '응, 언젠가 자겠지.'주의: '언젠가'는 오지 않습니다.가 아니라, 무엇을 어떻게 할지, 구체적인 전략에 대해 생각할 수 있습니다.

캠페인 계획을 세우는 일과 비슷하다고 생각하면 됩니다. 먼저 구체적인 전술이 아닌 큰 전략을 세웁니다. 목표는 다시 저항 운동을 할 준비가 된 상쾌한 상태로 돌아가는 것입니다. 대상은 바로 여러분입니다. 계획은 여러분이 가진 자원과 여러분이 선호하는 휴식 방법에 따라 달라집니다. 자원은 시간, 가족, 친구, 미디어, 돈, 침대 등이 될 수 있습니다. 자, 그럼 무엇을 어떻게 할지, 계획을 세워 볼까요?

마인드맵으로 시작해 볼까요?

2장에서 사안을 결정하기 위해 사용했던 마인드맵을 기억하시나요? 이제 그 도구를 이용하여 자기 돌봄 계획을 세워 보겠습니다.

먼저 원 네 개를 그리고, 각각 자극, 정신, 몸, 도움 네트워크라고 이름을 붙이세요.

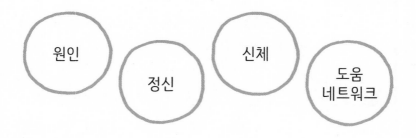

원인   먼저 무엇 때문에 여러분의 상태가 안 좋아졌는지를 생각해야 합니다. 왜 짜증이 나고, 분노가 치밀고, 두려움에 사로잡히게 되었지요? 그것들을 '원인' 원 주위에 쓰세요.

이제 기분을 좋게 하는 것들을 생각하세요! 어떤 활동이 편안한 기분이 들고 긴장이 풀리고 마음이 상쾌해지도록 하는 데 도움이 되나요? 그것들을 '신체'와 '정신' 원 안에 나누어서 쓰세요.

정신 활동   여러분의 정신적·감정적 건강에 도움이 되는 활동입니다. 독서, 영화 감상, 휴대전화 게임, 음악 감상 등.

신체 활동   몸을 건강하게 해 주는 활동입니다. 요가, 반려견과 함께 산책하기, 손톱 칠하기, 향긋한 차 마시기, 실컷 자기 등.

도움 네트워크   여러분을 도와줄 수 있는 사람들입니다. 선생님, 친구, 가족, 운동부 코치, 종교인, 직장 상사, 반려묘 등. 사람에 따라 도움을 줄 수 있는 부분이 각각 다르다는 점을 명심하세요. 그런 사람들을 '도움 네트워크' 원 주위에 쓰세요.

이제 여러분이 세운 계획을 보세요. 주변의 도움 네트워크나 정신적·신체적 건강 돌봄 활동에서 혹시 부족한 점이 보이나요? 부족한 부분은 어떻게 해야 할까요? 어떤 사람이나 커뮤니티와 관계를 맺을 수 있을까요? 각 항목의 개선 방법을 적어 보세요. 이제 자기 돌봄 계획을 눈에 잘 띄는 곳에 두세요. 목표를 100% 달성하지 못해도 괜찮습니다. 자기 돌봄이 새로운 스트레스의 원인이 되면 안 됩니다. 만약 그런 일이 벌어지면 스트레스를 유발하는 전략은 과감하게 버리세요. 도움 네트워크에 있는 사람들에게 연락해 보세요. 친구와 만날 계획을 세우세요. 고민 상담 전화를 이용해 보세요.

사람은 누구나 어려움을 겪습니다. 여러분은 혼자가 아닙니다. 그리고 모든 문제를 혼자서 해결할 필요도 없습니다.

일기 쓰기의 힘

일기는 하루하루의 생각·느낌·낙서 등을 기록으로 남깁니다. 생각을 정리하고 되돌아보는 데 도움이 되고, 시간이 흐르면서 발전하는 모습을 기록할 수 있습니다. 불안한 감정이나 기분 나쁜 일이

마음속에 남아 있으면, 글로 풀어 보세요. 한번 쓴 글은 수정하지 마세요. 생활에서 긍정적인 것들을 찾아 그냥 적어 보세요. 아무리 사소한 일이라도 괜찮아요. 우리 마음속은 좋은 것과 나쁜 것을 동시에 품고 있다는 사실을 잊지 마세요. 때때로 우리가 좋은 일을 잊고 있을 뿐입니다.

일기를 반드시 일기장에 쓸 필요는 없고, 심지어 손으로 쓸 필요도 없습니다. 컴퓨터 문서로 작성할 수도 있고, 텀블러와 같은 웹사이트나 블로그에 작성할 수도 있습니다. 글, 그림, 시 모음 등 머릿속 생각을 표현할 수 있는 것이라면 뭐든 좋습니다. 다음은 출발점으로 쓰기 좋은 몇 가지 아이디어입니다.

칭찬 스티커 어린아이들이 착한 일을 하면 칭찬 스티커를 받지요? 그것을 어른 버전으로 변형해 보세요. 하루 중에 있었던 크고 작은 일을 모두 적으세요. 그리고 매일_{또는 일주일} 단위로 잘한 일에 칭찬 스티커를 주세요. 이렇게 하면, 앞으로 해야 하는 일보다는 이미 잘하는 일에 집중하는 데 도움이 됩니다. 오늘 한 일 중 칭찬 스티커를 받을 만한 일은 무엇이 있을까요?

• 아침을 먹었나요? 칭찬 스티커!
• 집회를 기획했나요? 칭찬 스티커!
• 숙제를 끝냈나요? 칭찬 스티커!

• 가부장제를 무너뜨렸나요? 칭찬 스티커!

즉석 질문 자신에게 자기 돌봄 질문을 던지고 그것을 기록하세요.
- 나는 나 자신의 어떤 점을 가장 좋아하는가?
- 내가 생각하는 이상적인 세계는 어떤 모습인가?
- 내가 감사하게 생각하는 것은……
- 이번 주에 가장 행복했던 순간은……
- 오늘 나에게 영감을 준 것은……

점검표를 만들어라 일기장에 자기 돌봄 목표를 몇 번이나 달성했는지 점검할 수 있는 목록을 만드세요. 목록에서 이미 달성한 일은 따로 표시하세요. 그렇게 하면 더 큰 책임감을 가질 수 있고, 자기 돌봄 습관의 진행 상황을 잘 추적할 수 있습니다.

자신에게 고마워하라 자신에게 감사 편지를 써 보세요! 매일 여러분이 자신의 안전·건강·복지·편익을 위해 한 모든 일에 대해 자신에게 고맙다는 뜻을 전하세요. 그 누구도 여러분을 여러분 자신처럼 돌볼 수는 없습니다!

자기 돌봄 셀카

셀카를 유치하고 허영심 가득한 것으로 보는 사람들도 있습니다. 하지만 그것은 틀린 생각입니다! 셀카는 소녀들이 자신의 모습을 가꾸고 원한다면 세상 밖에 보여 줄 수 있는 방법입니다. 그러니 셀카 찍는 것을 부끄러워하지 마세요.

자신의 모습을 찍는 것은 자기 성찰과 자기 돌봄, 저항을 위한 강력한 도구가 될 수 있습니다. 수백 년 전부터 여성들은 자화상을 통해 자신의 신체와 서사를 스스로 표현했습니다. 멕시코 화가이자 운동가인 프리다 칼로의 경우가 대표적입니다. 칼로는 수많은 자화상을 통해 신체 자치권, 젠더, 질병, 권력, 식민주의 등의 주제를 표현했습니다. 셀카는 칼로 자화상의 현대 버전인 셈입니다.

셀카 사진을 다른 사람들에게 보여 주든 말든 상관없이, 셀카를 자기 돌봄 계획에 포함시켜 보세요. 소녀들에게 끊임없이 매력적이지 않고 착하지 않다고 말하는 세상에서, 셀카를 찍는 것은 자신감을 북돋아 주는 행동일 수 있습니다. 그러니 다음번에 셀카를 찍을 준비가 되면, 몇 초의 시간을 내서 여러분이 사랑하는 여러분 자신의 모습과 특징, 그리고 여러분이 세상에서 행한 모든 착한 일들에 대해서 한번 생각해 보세요. 그리고 찰칵!

쉽고 비용이 적게 드는 자기 돌봄 방법

아래에 있는 방법을 시도해 보세요. 하나같이 쉽고 비용도 적게 듭니다. 혼자 해도 괜찮고 친구와 함께 해도 좋습니다.

놀이를 즐겨라

동심으로 돌아가 보세요. 성인용 색칠 놀이(아동용도 좋아요.), 레고 만들기, 반짝이 슬라임 만들기, 퍼즐 맞추기, 그네 타기 등 재미있는 놀이를 해 보세요! 주위에 어린이나 반려동물이 있나요? 함께 놀아 보세요!

스트리밍 서비스를 이용하라

넷플릭스 같은 인기 있는 스트리밍 서비스의 기본 이용료는 별로 비싸지 않고 무료 체험 서비스가 제공되기도 합니다. 또한 유튜브에는 합법적인 공짜 영화도 많이 있습니다.

도서관을 방문하라

좋은 책을 빌려 보세요.(334쪽에 저항 운동 관련 도서 목록이 있습니다.) 도서관은 영화, 잡지, 음반을 빌려줄 뿐만 아니라, 마음대로 검색하고 읽을 수 있는 디지털 자료도 있습니다. 또한 정신 집중에 방해받지 않고 공부할 수 있는 편안한 의자도 있고 조용합니다. 도서관에 갈 수 없으면 전자책을 이용해 보세요. 대부분의 도서관은 도서 대여 기간과 비슷한 기간 동안 다운로드해서 볼 수 있는 전자책을 제공합니다.

스트레스가 없는 공간을 마련하라

휴식에 좋은 분위기를 직접 연출해 보세요. 초나 향을 켜 놓거나 방향유나 향수를 써 보세요. 마음을 편하게 해 주는 음악을 틀어 놓고 하고 싶은 일을 하세요. 춤 요가, 스트레칭, 심지어 가만히 누워 있기 등 뭐든 좋습니다.

자연을 탐구하라

근처 공원이나 동네를 산책해 보세요. 몸을 움직이면 부정적인 생각을 날려 버릴 수 있습니다.

쓱싹쓱싹

샤워나 목욕은 말 그대로 모든 것을 훌훌 벗어던지고 혼자만의 시간을 보내기에 가장 좋은 방법 중 하나입니다. 화장실은 음악을 틀어 놓고 춤을 추거나 잠시 명상에 잠기기에 딱 좋은 공간입니다.

플러그를 모두 뽑아라

우리가 전자기기에 얼마나 많이 의존하는지 우리 대부분은 인식하지 못하고 있습니다. 지나치게 불안해지지만 않는다면, 한 시간이나 하루 동안 휴대전화를 비롯해 모든 전자기기의 전원을 꺼 보세요. 처음에는 어색하겠지만, 자신과 더 긴밀하게 연결되는 기분을 느끼게 될 것이고, 삶에서 진짜로 원하는 것과 필요한 것이 무엇인지 깨닫게 될 거예요.

낮잠 자기

#좋은꿈꾸세요

저항 운동 관련 도서 목록*

나는 현실로부터 도피하는 탈출구로 늘 독서를 좋아했습니다. 그리고 자기 돌봄을 가장 잘 실천하고 있을 때는 예외 없이 책 읽을 시간을 확보합니다. 공부나 수업, 과제를 위한 것이 아니라 내 자신을 위한 책 말이에요. 한가할 때 읽으면 좋을 책 몇 권을 추려 보았습니다.

논픽션

《나다운 페미니즘》, 코트니 서머스·애슐리 호프·정세랑·이랑 외 지음, 켈리 젠슨 엮음

《나 같을 필요는 없어요: 성장과 목소리 내기와 페미니즘 발견에 관한 에세이You Don't Have to Like Me: Essays on Growing Up, Speaking Out, and Finding Feminism》, 알리다 누젠트 지음

《나쁜 페미니스트》, 록산 게이 지음

《재즈가 되기: (트랜스젠더) 청소년으로서의 나의 삶Being Jazz: My Life as a (Transgender) Teen》, 재즈 제닝스 지음

《처음 만나는 페미니즘: 내 일상을 바꾸는 페미니스트 행동 전략》, 제시카 발렌티 지음

《진실 재정의하기: 여성성, 정체성, 사랑, 그리고 그 밖의 많은 것들을 향한 나의 길Redefining Realness: My Path to Womanhood, Identity, Love and So Much More》, 재닛 목 지음

고전

《시스터 아웃사이더》, 오드리 로드 지음

《시녀 이야기》, 마거릿 애트우드 지음

《모두를 위한 페미니즘》, 벨 훅스 지음

《자기만의 방》, 버지니아 울프 지음

《여성, 인종, 계급Women, Race and Class》, 안젤라 데이비스 지음

《망고 스트리트》, 산드라 시스네로스 지음

*우리나라에 번역 소개되지 않은 책은 원서 제목을 나란히 표기했습니다.

자기 돌봄의 방법으로서 공동체 돌봄

자기 돌봄이라고 하면 흔히 '온천에 가! 손톱에 매니큐어를 해 봐! 브라우니를 먹어!' 같은 것을 떠올릴지 모르겠어요. 물론 이것들도 도움이 되고 돈이 충분하다면 좋은 방법일 수 있습니다. 하지만 자기 돌봄은 그보다 깊은 개념이고, 항상 돈이 드는 것도 아닙니다.

자기 돌봄이 하루 온천에 가서 돈을 펑펑 쓰는 것보다 복잡한 이유는 여러 가지가 있습니다. 기본 욕구 충족을 위한 돈이 부족하면 많은 스트레스를 받습니다. 자신을 위해 뭔가 좋은 일을 해야겠다는 생각을 하기도 어렵고요. 차별을 받는 사람은 스스로 돌봄을 받을 자격이 없다고 느낄 수도 있습니다. 불안감이나 우울감에 젖으면 세상에 대처하기 어렵고 죄책감이나 무관심의 늪에 빠지게 됩니다.

이때 필요한 것이 바로 공동체 돌봄입니다. 공동체 돌봄은 혼자서는 자기 돌봄을 제대로 할 수 없다는 생각에 바탕을 두고 있습니다. 여러분에게는 여러분을 책임감 있는 사람으로 만들어 주고 신체적·정신적으로 여유 찾는 것을 도와줄 사람이 필요합니다. 공동체 돌봄은 혼자 떨어져 있는 것이 항상 재충전을 위한 가장 좋은 방법은 아니라는 다소 파격적인 개념에서 시작되었습니다. 때때로 우리는 기분을 좋아지게 하기 위해 서로를 도울 수 있습니다.

누군가와 정말 좋은 대화를 나누어 본 적이 있나요? 정말, 정말 좋은 대화 말이에요. 공동체 돌봄은 그런 대화와 같은 것입니다.

1. 사람들과 대화를 나누어라 친구에게 전화해 어떻게 지내는지 물어보거나, 친구 생각을 하고 있다는 메시지를 보내는 것처럼 간단한 일도 공동체 돌봄입니다. 미국 플로리다주 올랜도의 펄스에 있는 라틴계 게이 나이트클럽에서 총기 난사 사건이 일어났을 때, 나의 친구들 중 이성애자인 사람들이 나에게아마 다른 성 소수자들에게도 그랬을 거예요. 힘내라는 응원 메시지를 보냈습니다. 마찬가지로, 나도 라틴계 친구들에게 위로하는 메시지를 보냈습니다.

2. 파티를 열어라 다른 사회운동가들과 함께 보드게임 파티, 밤샘 파티, 저녁 식사 모임, 커피 모임 등을 하는 약속을 잡아 보세요. 나는 예전에 일주일에 한 번 열리는, 사전에 참석 약속이 필요 없는 페미니스트 커피 모임에 나간 적이 있습니다. 너무 지쳐서 갈 힘도 없을 것 같았던 때에도 다녀오고 나면 늘 재충전된 기분을 느꼈습니다.

3. 상대방의 뜻을 존중하라 공동체 돌봄은 즐겁고 강력한 힘을

가지지만, 어떤 이들에게는 사람들과 만나는 것이 스트레스를 해소하는 것이 아니라 오히려 가중시키는 일일 수 있습니다. 내향적인 사람이 번아웃 되었을 때 여러 사람과 어울리고 싶지 않은 기분이 들 수 있습니다. 만약 여러분이 그런 기분이 든다면, 다른 사람들에게 여러분의 뜻을 전하고 존중해 달라고 하면 됩니다. 반대로, 여러분도 항상 다른 사람들의 뜻을 존중해야 합니다. 상대방의 의사에 반해서 사람들 앞에 나서게 하거나 일을 더 하라고 강요하면 안 됩니다. 설사 그것이 꼭 필요한 일이라고 해도.

4. 시간 약속을 정하라 믿을 만한 사람에게 주기적으로 연락하거나 만나서 여러분이 자기 돌봄을 잘 실천하고 있는지 점검해 달라고 부탁해 보세요. 반대로 여러분도 그 사람에게 같은 일을 해 주세요. 예를 들어, 가장 친한 친구와 조용히 산책하거나, 공원에서 책을 읽거나, 제일 좋아하는 텔레비전 프로그램을 같이 보자고 하고 시간을 정하세요.

5. 사회운동을 공동체 돌봄으로 전환하라 가장 소외된 사람들과 커뮤니티들은 자기 돌봄을 위한 시간과 자원을 확보하기가 가장 어려운 존재들이기도 합니다. 따라서 여러분의 사회운동에 다른 사람들의 자기 돌봄을 도와주는 활동을 포함하는 것도 좋은 방법

입니다. 예를 들면, 여러분이 잘 아는 분야에 대해 무료로 강의해 줄 수 있을 것입니다. 비슷한 관심과 경험을 가지고 있는 사람을 모아 보세요. 뜨개질을 하며 수다떠는 모임, 트랜스젠더 요가 수업, 휠체어를 탄 사람을 위한 농구 동아리, 성 소수자 글쓰기 교실 같은 활동을 펼치는 페미니스트 동아리를 만들면 어떨까요? 다른 사람들에게 자기 돌봄과 공동체 돌봄이 무엇인지, 그리고 왜 중요한지에 대해 강연을 할 수 도 있습니다. 이런 활동은 시위를 하거나 법정에 가서 정의를 부르짖는 것보다 덜 급진적인 것처럼 보일지 모르지만, 그런 것들 못지않게 중요합니다.

여러분이 느끼는 감정은 정상적입니다

사회운동을 열심히 하다 보면, 지나친 몰입 때문에 트라우마가 생기는 경우가 있습니다. 해당 문제가 여러분에게 직접 영향을 미치거나 여러분이 사랑하는 사람에게 영향을 미치기 때문입니다. 이것을 '2차 트라우마' 또는 '대리 트라우마'라고 합니다. 트라우마를 겪는 다른 사람들과 함께 일하는 것이 여러분 자신의 정신 건강에도 영향을 미친다는 뜻입니다.

또한 여러분은 고통스러운 현실을 늘 보는 것이 너무 고통스러워 동정심이 약화되는 상태를 겪을 수도 있습니다. 이것을 동정 피로^{동정심 피로}라고 합니다. 동정 피로를 제대로 해결하지 않으면 번아웃으로 이어지는 좋지 않은 결과가 초래될 수 있습니다. 현실 문제에 관심을 기울이거나 제대로 생각하지 못할 정도로 지치면 사회운동을 제대로 할 수 없습니다.

여러분도 모르는 사이에 여러분은 감정적·신체적·정신적으로 제대로 기능하지 못할 정도로 지쳐 버리는 사회운동가 번아웃을 향해 가고 있을지도 모릅니다. 스트레스와 트라우마가 일상이 되면, 마치 그것이 정상적인 것처럼 느껴지고, 기분이 가라앉는 원인을 규명하기가 더 어려워질 수 있습니다.

다음과 같은 감정을 느끼고 있다면 사회운동가 번아웃 위험군

일 수 있습니다.

- 극심한 피로
- 자신 또는 타인을 향한 분노
- 불면증
- 심술이 나거나 인내심 부족
- 불안 또는 초조
- 외롭거나 혼자인 기분
- 죄책감 또는 수치심
- 좋은 것을 알아보지 못함
- 아무것도 제대로 못 한다는 기분
- 신체적으로 아프거나 메스꺼움
- 슬픔 또는 우울
- 몸이 뻐근하거나 통증이 지속되는 경우

이런 육체적·심리적 문제들을 혼자서 해결할 수 없을 같은 기분
이 드는 것은 지극히 정상적인 반응입니다. 하지만 다음과 같은 질
문을 자신에게 던져서 여러분의 현재 상태가 어떤지 점검할 필요
가 있습니다.

- 평소보다 더 강하게 또는 더 자주 이런 증상을 느끼나요?
- 버티기가 힘들 정도인가요?

가장 중요한 것은, 이런 증상들을 그냥 무시하면 안 된다는 사실입니다. 다행스럽게도 여러분은 수많은 무료 자원에 접근할 수 있습니다. 시간이 많이 걸리거나, 한동안 사회운동을 멈추어야 하거나, 전문적인 도움을 받아야 하더라도 여러분의 정신적·신체적 건강을 돌보는 것은 결코 부끄러워할 일이 아닙니다. 다음 페이지에 나오는 '여러분은 혼자가 아닙니다'를 보고, 지금 당장 이야기할 사람이 필요한 경우엔 도움을 받을 수 있는 곳이 어디인지 알아두세요.

여러분은 혼자가 아닙니다[18]

긴급 전화 또는 상담 전화를 운영하는 기관 또는 단체는 대개 문자와 이메일 상담도 함께 운영합니다.

여성 긴급 전화 1366
국가인권위원회 상담 전화 1331
자살 예방 상담 전화 1393
사이버 1388 청소년 상담센터 1388
한국 생명의 전화 1588-9191
디지털 성범죄자 피해자 지원센터 02-735-8994
성 소수자 인권 상담 센터 070-7592-9984

명심하세요.
여러분의 이야기를 들어 줄 사람은
늘 곁에 있습니다.

---

18. 우리나라의 기관과 단체 목록으로 옮긴이가 수정했습니다.

☆ 한번 더 생각해 봅시다   ☆ ☆ ☆ ☆ ☆

1. 사회운동은 쉽지 않습니다.

여러분 스스로 무너지고 있다면 최선을 다할 수 없습니다. 진이 빠지거나 정신이 산만해진 상태라면, 재충전할 시기입니다. 여러분은 무엇을 하면 편안하고 상쾌한 기분이 드나요? 누구에게 조언을 구하거나 이야기를 털어놓을 수 있나요? 번아웃과 피로감의 징후를 무시하지 마세요.

2. 여러분의 감정을 합리적으로 설명할 필요는 없습니다.

어떤 감정에 꼭 합리적인 이유가 있는 것은 아닙니다. 특정한 기분을 '느껴야 한다'거나 '느끼면 안 된다'라고 생각하는 것은 마음을 더 힘들게 할 뿐입니다. 여러분이 지친다고 느낀다면, 지친 것입니다. 화난다고 느낀다면, 화난 것입니다. 즐겁다고 느낀다면, 즐거운 것입니다. 감정은 원래 그런 거예요!

3. 몸에 휴식을 주세요. 그리고 머리에도!

건강한 (그리고 맛있는!) 음식을 먹고, 음악을 감상하고, 일기를 쓰고, 셀카를 찍고, 그저 멍하니 있어 보세요. 자기 돌봄은 효과가 크고 꼭 필요한 일입니다. 여러분은 돌봄을 받을 자격이 있음을 절대로 잊지 마세요.

이제 세상 밖으로 나가서 저항합시다!

☆ ☆ ☆ ☆ ☆ ☆ ☆ ☆ ☆ ☆ ☆ ☆ ☆

◆부록 사회운동가를 위한 용어 설명

사회운동 초심자뿐 아니라 한창 활동 중인 운동가도 이 책에 나오는 모든 용어를 잘 알고 있지는 않을 것입니다. 여기에 정리한 용어들이 여러분의 운동에 힘을 보탤 수 있으면 좋겠습니다.

가부장제 남자가 더 많은 구조적 특권을 누리고 여자를 남자 아래 있다고 여기는 가족 또는 사회 형태

강간 문화 여성을 향한 성폭력을 보통의 일로 여기는 사회적, 문화적 관념·이미지·관행

공동 리더십 두 명 이상의 사람이 조직의 관리와 의사 결정을 책임지는 집단 지도 체제

대상 여러분의 사회운동을 돕거나 방해할 수 있는 힘을 가진 사람

더 안전한 공간 사람들이 부당한 평가나 위협을 받는 느낌 없이 자유롭게 말할 수 있는 환경

동원 메시지 사람들에게 구체적인 행동에 나서 달라고 요구하는 메시지

동조자 여러분의 의견이나 일에 뜻을 같이하고 지지하는 사람

로비 방문하거나 편지를 써서 권력자에게 특정한 법안이나 사안에 대해 어떤 행동을 취해 달라고 요구하는 행위

먼지 차별 고정관념을 강화하거나 소외된 정체성을 가진 사람에 대해 적대적인 환경을 만들어 내는 작고 일상적인 모욕이나 차별

보도 자료 공식적인 입장을 언론에 제공하기 위하여 작성한 자료

보조금 정부나 기금, 개인 후원자가 비영리 단체나 사회운동 단체에 지원하는 돈

보조금 의향서 보조금 신청 절차 중 하나로, 정식 자료를 제출하기 전에 보조금을 신청하는 이유를 간단하게 서술해서 보내는 편지

사회운동 모든 사람을 조금 더 공정하게 대하는 쪽으로 사회 체제를 변화시키려고 노력하는 행위

사회적 압력 한 사람에게 그와 비슷한 사람들이 이미 한 행동을 보여 줌으로써 어떤 행동에 나서도록 자극하는 것 (예: 투표 인증 사진)

상호교차성 개인이 경험하는 차별과 억압은 그가 가진 여러 특성(인종·성별·계급·장애·민족) 중 하나에 기인하는 것이 아니라, 여러 특성이 중첩되고 상호작용하면서 이루어진다는 이론

소외 지배적인 집단에 있지 않은 사람들이 경험하는 억압과 사회적인 불리함

순수익/순손실 수입에서 지출을 빼곤 난 다음에 남기거나 빚지게 되는 금액

시위 사람들의 관심을 끌기 위해 많은

사람이 모여 공개적으로 의사를 표시하는 행위

신탁 대리인 여러분의 조직을 대신해 보조금을 받아서 여러분에게 전해 주는 비영리 단체

암묵적 편견 인종·성별·계층·능력 등에 관한 고정관념 때문에 한 사람을 평가할 때 무의식적으로 가지고 있는 편향적인 태도나 믿음

억압 한 사람이 어떤 집단이나 정체성에 속한다는 이유로 겪는 체계적인 불리함

연대 의식 동조자들이 함께 무슨 일을 하거나 책임을 지려는 의식

예산 조직이나 단체의 수입과 지출을 미리 헤아려 계산한 것

위계적 리더십 한 사람의 리더가 있고 다른 사람들은 그를 보좌하는 관리 체계

의제 회의에서 의논할 문제

전술 청원, 행진, 시위, 기부처럼 사회운동을 위해 하는 구체적인 행동 유형

전화 걸기 운동 특정한 사람(들)에게 입장 표명, 행동, 기부 등을 요구하기 위해 여러 사람이 전화를 거는 행위

제도적 권력 직업·직책·돈·정체성·지위 등을 바탕으로 생기는 권력

젠더 규범 한 사람의 능력과 관심사가 성별에 의해 결정된다는 관념

젠더 이분법 여성과 남성, 두 개의 성만 존재한다는 관념

지역구 사무실 정치인이나 선출직 공무원이 자기 선거구 지역에 두고 운영하는 사무실

청원서 지지하는 사람들의 서명과 함께 요구 사항이 담긴 문서

캠페인 계획 사회운동 캠페인을 하기 위해 목표, 대상, 전술, 자원 등을 미리 헤아려 결정하는 것

특권 특정한 집단이나 정체성에 속한다는 이유로 누리게 되는 특별한 권리 (예: 남성 특권, 백인 특권)

풀뿌리 조직 운동 권력자들에게 정책이나 관행을 바꾸라고 압력을 넣기 위해 대중을 조직화하는 사회운동

핵심 논점 메모 여러분의 활동에 대해 질문을 받을 때 언제 어디서든 답변할 수 있도록 활동과 관련된 핵심 사실, 진술, 주장 등을 간략하게 써 놓은 문서

핵심 메시지 사람들에게 전하고자 하는 메시지 중 가장 중요하고 꼭 기억했으면 하고 바라는 메시지

행동 촉구 ("국회의원에게 전화를 하세요."나 "자원봉사자로 일해 주세요."처럼) 구체적인 행동에 나서 달라고 요구하는 것

현금 흐름 여러분의 조직에 들어오고 나가는 돈의 양. 적자는 들어오는 수입보다 나가는 지출이 더 많은 상태

현물 기부 돈이 아니라 물품이나 서비스로 하는 기부

2차 대상 사회운동이 원하는 어떤 변화를 만들 수는 없지만 그럴 수 있는 사람에게 영향력이 있는 사람

◆감사의 말 첫 책을 낼 수 있게 도와주신 분들

나의 파트너이자 공동-모험가이자 육아의 최고 책임자인 와플이 없었다면, 이 책은 세상에 나오지 못했을 것이다. 내가 글을 쓸 수 있도록 밤낮으로 희생하고, 매번 나에게 먹을 것과 카페인과 동기 부여를 제공해 준 것에 감사한다. 나는 아직도 이 책을 어떻게 쓸 수 있었는지 모르겠지만, 내가 확실히 아는 것은 적어도 90%는 내 삶에 와플이 있었기 때문에 가능했다는 것이다. 쿼크 북스의 편집부 전체에게 감사드린다. 특히 나를 담당한 편집자인 블레어 손버그에게 감사한다. 신기하게도 그의 참을성은 끝이 없었고, 헤어스타일은 늘 멋졌다. 나의 에이전트인 마스 리터러리 에이전시의 캐머런 맥클루어는 첫 작품을 쓰느라 노심초사하는 작가를 정신 바짝 차리게 만들었고, 늘 뒤에서 나를 지원해 주었다. 정말 감사하다!

뉴욕 주립 대학에 있는, 나의 페미니스트 멘토들과 나에게 맨 처음 페미니스트의 영감을 불어넣어 주신 윌마 J. 파일 박사님께 무한한 애정이 담긴 감사의 말을 올린다. (제가 해냈어요, 윌마 아주머니!) 부모님인 캐슬린 리치와 도널드 리치 두 분께 감사드린다. 두 분은 나에게 나의 목소리를 내라고(감사하게도. 늘 엄청 크게) 격려해 주셨다. 나는 부모님 덕분에 아주 어렸을 때부터 사회운동을 접할 수 있었다―식탁 주변에 잔뜩 쌓인 노동조합 모임 자료들에 파묻혀서.

마지막으로 가장 중요한 감사 인사를 올려야겠다. 소녀들과 전 세계에서 크고 작은 혁명들을 이끌고 있는 젊은 사회운동가들에게 감사드린다. 나는 여러분을 지켜보고 있고, 여러분의 소리에 귀 기울이고 있고, 여러분의 지도를 따라 미래로 갈 준비가 되어 있다!